MINIMUS IN ALTIS
AUTOUR
DU
MONT-BLANC
Étapes de la Caravane Minimoise
AOUT 1882

# AUTOUR

DU

# MONT-BLANC

# LETTRES DE FÉNELON

## SUR

# LES OCCUPATIONS DE L'ACADÉMIE FRANÇAISE

NOUVELLE ÉDITION

précédée d'une notice sur Fénelon et d'une étude analytique, historique et littéraire, par M. l'Abbé Bauron, licencié ès-lettres, professeur de rhétorique à l'Institution Notre-Dame des Minimes, à Lyon.

MINIMUS IN ALTIS



# AUTOUR
DU
# MONT-BLANC

ETAPES DE LA CARAVANE MINIMOISE

AOUT 1882



par

M. L'ABBÉ BAURON

LYON
LIBRAIRIE MÉRA
rue de la République, 13 et 15
ET
CHEZ LES PRINCIPAUX LIBRAIRES

1883

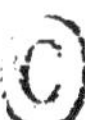

MINIMUS IN ALTIS.

AUTOUR
DU
MONT-BLANC

Etapes de la Caravane Minimoise

AOUT 1882.

# A MES ÉLÈVES

Ces modestes pages n'ont aucune prétention littéraire. Elles sont écrites avec les notes prises chaque jour par un de mes compagnons de route. Elles sont le récit fidèle et authentique de nos étapes.

Je les dédie à ceux qui m'en ont journi la matière, à mes élèves. Je leur rends ainsi le bien qu'il m'ont prêté.

Puissent-elles raviver leurs souvenirs et réveiller les impressions diverses qu'ils ont éprouvées durant le voyage!.. Puissent-elles aussi leur rappeler toujours notre devise : Le vrai Minimois échappe aux défaillances. Au milieu des luttes de la vie, comme dans les excursions de sa jeunesse, il s'élève et demeure sur les hauteurs!

Minimus in altis!

P. B.

N.-D. des Minimes-Lyon, ce 25 mai 1883.

# Avant-Propos

Après neuf mois de travail sur les auteurs grecs, latins et français, rien n'est plus utile à l'esprit et au corps qu'une excursion dans les montagnes. Si le voyage se fait avec des compagnons de même âge et de même condition, le plaisir en est doublé.

C'est l'un des buts des caravanes scolaires.

Elles sont instructives par l'échange de réflexions, de remarques et d'observations mutuelles sur la constitution géologique, les aspects et les produits des régions parcourues et sur les mœurs des habitants. Elles fortifient les muscles par un exercice constant et modéré; elles délassent l'esprit, stimulent la bonne humeur et la gaîté; elles forment le caractère en l'habituant aux difficultés, aux surprises agréables et aux déceptions, à toutes les péripéties inséparables d'une course de plusieurs jours dans des pays accidentés et nouveaux. Enfin, les plaisirs comme les souffles qui viennent de la montagne sont sains pour l'âme et pour le corps et ne laissent après eux ni tristesse ni maladie.

Le projet d'une caravane, pour les vacances de 1882, fut accueilli aux Minimes comme une heureuse innovation. Les adhésions furent vite obtenues et, dès le mois de juin, M. l'abbé Bauron s'occupa de l'itinéraire et des préparatifs du voyage.

Le tour du Mont-Blanc fut choisi pour but de l'excursion.

M. Jérôme Mital, bibliothécaire de la section lyonnaise du Club-Alpin, nous a aidés à tracer notre premier plan d'étapes. M. le colonel Pierre nous a accordé les faveurs que le Club-Alpin concède aux caravanes scolaires, et M. Charles Durier, de Paris, n'a épargné pour nous ni son temps, ni sa peine; il a veillé sur nous avec une sollicitude amicale, et sa recommandation nous a valu les plus chaudes sympathies. Qu'il nous soit permis de leur offrir ici nos plus sincères remercîments !

Le 15 août, à sept heures et demie, M. l'abbé Bauron célébrait dans la chapelle de Fourvières une messe, à laquelle assistaient plusieurs jeunes gens. Ils mettaient ainsi sous la protection de Marie leur voyage, leurs personnes et celles de leurs amis absents.

Le soir du même jour, répondant à la gracieuse invitation de M. le chanoine Ollagnier, supérieur, ils se donnaient rendez-vous sous le toit hospitalier des Minimes et s'entretenaient avec leurs anciens maîtres des joies espérées de leurs prochaines pérégrinations. La caravane devait partir le lendemain.

Elle se composait de douze membres. C'étaient :

MM.

PIERRE BAURON, professeur de Rhétorique.

SYLVESTRE CASATI,
GEORGES MATHEVON,
} élèves de Philosophie.

LOUIS BALLOFFET,
GABRIEL BAYLE,
FERDINAND BRET,
BARTHÉLEMY DURAND,
ADOLPHE FERRARY,
HENRI PICARD,
CAMILLE SERVANT,
} élèves de Rhétorique.

PAUL QUINSON,
FRANÇOIS VINDRY,
} élèves de Seconde.

Il nous a paru bon de marquer les étapes de

cette course de treize jours, faite à pied, et sac au dos, d'en raconter les péripéties diverses, les fatigues et les joies enivrantes. Ces souvenirs pour nous auront un jour leur charme.

Ces pages ne contiennent ni peintures animées, ni aventures extraordinaires, ni dissertations savantes. Elles sont le simple récit de ce que nous avons vu, fait et éprouvé. Nous serions heureux si elles inspiraient à d'autres le goût de semblables voyages.

Nous les avons ornées de gravures lithographiques. Ces dessins, tracés d'après les croquis et indications de MM. Henri et Ferdinand, sont dûs à l'obligeance et à la plume de notre ami et ancien condisciple, M. Fleury Raillon.

Allez aux montagnes, jeunes lecteurs. Elles vous donneront la santé, la force, l'amour des grands et beaux spectacles. Allez-y avec des compagnons de votre âge. En face d'un radieux lever de soleil, des magiques illuminations du soir, des gorges sauvages et des gigantesques glaciers, vous vous croirez dans un temple grandiose dont les murs sont de cristal et de granit, et la voûte d'azur; vous y sentirez mieux les douceurs de l'amitié, la poésie de la nature et la puissance de Dieu!

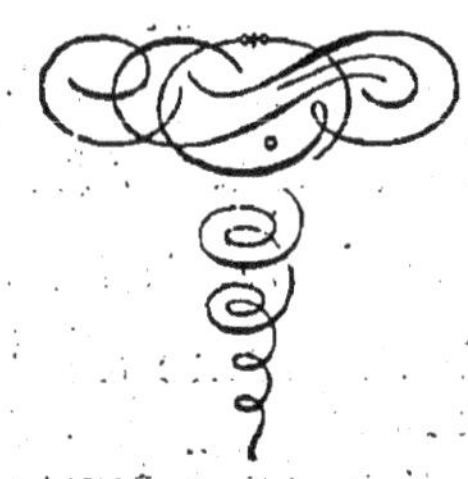

# PREMIÈRE JOURNÉE

---

## De Lyon à Thônes

*Mercredi, 16 août.* — A cinq heures du matin, onze membres de la caravane se trouvaient réunis à la gare de Perrache. Le douzième devait nous rejoindre à la station de Rossillon, près Tenay. MM. Mathevon, Picard et Servant avaient accompagné leurs fils.

..... onze membres de la caravane se trouvaient réunis à la gare de Perrache.....

Les jeunes touristes faisaient bonne figure sous

leur frais et riant costume. Une forte chaussure, des guêtres en toile marine, un vêtement de drap léger, une casquette blanche, ornée d'un liseret de soie jaune et bleue et munie d'un couvre-nuque, dont les bords, durant la marche, s'élevaient et s'abaissaient comme des ailes ; une gourde au côté, un alpenstock à la main, et sur le dos le sac de toile grise, surmonté d'un plaid soigneusement roulé, formaient l'ensemble de l'accoutrement. Sur la demande de M. Picard, deux compartiments de première classe nous avaient été réservés. A cinq heures quarante minutes, l'express s'ébranle : le voyage est commencé.

Pendant que le train roule vers Ambérieu, les touristes Minimois s'examinent dans leur nouvelle tenue. C'est ici le lieu de vous les présenter, ami lecteur. Nous ne ferons ni peinture de caractères, ni étude de mœurs ; quelques lignes suffiront à vous esquisser le profil de ceux que la suite du récit vous fera mieux connaître.

Georges Mathevon est né à Lyon. C'est un philosophe aux yeux bleus, aux joues fraîches et au duvet naissant. L'élégance et la grâce sont les traits principaux de sa physionomie. Sa présence vaudra à la caravane plus d'une sympathie.

Sylvestre Casati de Lyon, dit le Colonel, a des cheveux d'un blond doré ; sa taille est haute ; son

œil est plein de malice et son esprit a des trésors de
bons mots ; nul n'oserait se charger de les enre-
gistrer tous. Il aime les petits soins, la bonne chère,
les mets exquis ; à l'occasion il se plie aux circons-
tances difficiles et personne n'est plus dévoué.

Louis Balloffet est encore un lyonnais. Il est grand,
brun, d'un caractère enjoué et toujours armé pour
la riposte. Il trouve à la contradiction des attraits
invincibles ; mais c'est pour mieux connaître la
vérité sous ses divers aspects.

Gabriel Bayle est de Saint-Etienne ; il cache sous
une complexion délicate une volonté énergique :
ses cheveux noirs rendent encore plus sensible la
blancheur de son visage.

Ferdinand Bret, stéphanois comme lui, possède
une belle voix, de longues jambes et la faculté de
contrefaire ceux dont l'originalité le frappe. Le
fond de sa gaîté est inépuisable.

Chez Barthélemy Durand, citoyen de l'Arbresle,

« La valeur n'attend pas le nombre des années. »

Il brûle de prouver qu'il a le jarret aussi solide
que l'esprit et qu'il est aussi capable de franchir
les montagnes que d'écrire une composition littéraire. Sa joie exubérante se trahit déjà par des
accents mélodieux.

Adolphe Ferrary vit le jour à Thizy (Rhône).

C'est un adolescent aux regards pleins de douces promesses ; ses condisciples l'ont surnommé La Joquère. D'après la tradition écolière, La Joquère créée par l'imagination d'un romancier, fut une jeune marquise aimable, très entourée, à la grâce indolente et molle, unissant assez de douceur et un peu de calcul à beaucoup de finesse. A-t-on reconnu dans Adolphe quelques-uns de ces traits ? Qui oserait le dire ? Le fait est que, s'il n'a pas le caractère de La Joquère avec toutes ses nuances, il en a du moins reçu le nom.

Henri Picard est né à Lyon. Il est grand, bien fait, a les yeux vifs et une chevelure noire comme l'aile du corbeau. Une exquise bonté tempère ses mouvements et l'énergie de sa forte nature. C'est l'ami de Georges.

Camille Servant, de Lyon, a dix-huit ans. S'il parle peu, il observe beaucoup. Il ne gêne personne et amuse tout le monde.

François Vindry est un élève de seconde. C'est un cavalier habile et un causeur charmant. Il a déjà voyagé ; il aime le confortable, les chevaux et la chasse. Ses distractions sont proverbiales et ses enthousiasmes subits.

Paul Quinson eut pour première patrie Tenay (Ain). Il est mince, fluet, d'une nature calme et d'une volonté opiniâtre ; ses muscles sont d'acier : ni la longueur des routes, ni l'aspérité des monts ne peuvent l'arrêter.

Enfin vient le chef de l'expédition, M. Pierre Bauron, à qui nous décernons le titre de général. D'une taille moyenne et d'une constitution robuste, il apporte dans ses desseins une certaine tenacité. Il cède peu devant les obstacles et se distingue par son affection pour les jeunes gens.

Ainsi les éléments de la troupe sont assez homogènes pour assurer l'union, assez divers pour écarter l'ennui, maintenir la bonne humeur et faire naître la gaîté !

Pour échapper durant le voyage à des curiosités indiscrètes, l'usage des prénoms est seul autorisé, ce qui établit une douce familiarité. On se partage les instruments et les fonctions. Georges et Adolphe sont proclamés caissiers, Ferdinand, comptable ; Gabriel et Barthélemy se chargent de la pharmacie ; Camille, du guide Bœdæker. Henri et Sylvestre prennent les cartes, François, la boussole et Louis, le baromètre. Le marteau de géologue est réservé à Paul. Le carnet des notes est remis à Georges, qui fera le récit de la première journée. Il passera ensuite à chaque étape à d'autres mains par ordre de classe et de nom.

Ces détails réglés, la conversation s'anime. La joie déborde. Voici Ambérieu. L'air est vif. Les estomacs se creusent. Nous contemplons d'un regard de complaisance nos provisions. Nous avons tous apporté un mets. C'est encombrant. Pourquoi le garder plus longtemps? On se met à l'œuvre, chacun selon son appétit. Le gigot de Louis est à point: les poulets rôtis de François sont succulents; quant aux pâtés de Georges, ils viennent de chez Lemoine. Ferdinand a fourni toute une caisse de vins de Bordeaux et des îles Canaries. Le Zuco et le Marsala d'Adolphe sont excellents. Ce délicieux breuvage réchauffe les poitrines et délie les langues.

Nous sommes déjà à la gare de Rossillon. Paul, salué de nos vivats, n'a pas de peine à trouver son compartiment; la vue de notre festin pantagruélique le met en liesse. Nous buvons au succès de la caravane, à la patrie, à l'amitié. Henri exhibe les petites Rigottes de Condrieu. On étale les pêches et les poires. Georges, Camille et Gabriel laissent apercevoir d'autres menus paquets, pleins d'agréables surprises pour le dessert. La vigilance de nos mères, c'est évident, a veillé sur les préparatifs du banquet; les provisions ne s'épuisent pas. Tous les flacons n'ont pu se vider. On décide de faire quelques réserves pour un meilleur moment; personne ne se soucie pourtant de charger son sac.

Sylvestre, entre deux calembourgs, donne l'exemple du dévouement et ficelle avec art, à côté de son plaid, un immense saucisson de Lyon. Henri et Camille se partagent le fardeau d'une conserve de langue.

Le ciel est couvert; quelques gouttes de pluie arrivent. Après Culoz les nuages s'élèvent et nous apercevons la Dent du Chat, dont la ligne haute, sombre et uniforme s'étend presque sans ondulations à son sommet, comme un rempart immense nivelé au cordeau. Puis le lac du Bourget se montre avec ses eaux bleues, ses anses et ses petits golfes creusés dans des coteaux couverts de bois, de treillis et de hautes vignes. L'abbaye de Haute-Combe, tombeau des princes de la maison de Savoie, émerge de la verdure entre le lac et un contre-fort de granit. Quelques barques de pêcheurs glissent silencieusement près des falaises de la montagne. Georges nous indique du doigt la jolie villa rose et blanche où il passe de délicieuses journées.

A Aix, nous changeons de train et passons des premières aux vulgaires troisièmes. Jusqu'à Lovagny le trajet est court. Nous débarquons à onze heures, nous prenons nos sacs et sur quatre lignes, d'un pas militaire, nous descendons aux gorges du Fier aux accents de l'hymne Minimois.

# HYMNE MINIMOIS

Paroles de M<sup>r</sup> P. Bauron.      Musique de M<sup>r</sup> A. Penaud

# HYMNE MINIMOIS

### 1

Gais Minimois, d'un pas agile,
Elançons-rous vers les hauteurs ;
Le sentier glissant, difficile,
N'arrête pas les voyageurs ;
L'air pur et frais de la campagne
Verse la vie à nos poumons ;
Et du refrain de nos chansons
Vibre l'écho de la montagne !

REFRAIN

Gais Minimois, marchons, marchons
Mêlons nos pas et nos chansons !

### 2

Aux premiers rayons de l'aurore,
Comme aux derniers feux du couchant,
Quand le sommet des monts se dore
Des reflets du jour finissant,
Nous folàtrons sur les collines,
Nous escaladons les rochers,
Nous bravons torrents et glaciers,
Nous courons au fond des ravines.
Gais Minimois, etc.

### 3

Quel plaisir d'arriver au gîte
Et de goûter un doux repos !
Au banquet la faim nous invite ;
L'amitié règle nos propos !
Parmi les bons mots et le rire
Nous passons gaiment notre temps ;
Nous ne vendrions pas ces moments
Pour un trésor, pour un empire !
Gais Minimois, etc.

### 4

Pour nous Dieu fit ces pics sauvages
Et sa main dressa le Mont-Blanc,
Coupa ces gorges sans feuillages,
Polit ce roc étincelant.
Son regard partout nous protège !
Autour de nous c'est un air pur !
Sur nos fronts un dôme d'azur,
Sous nos pieds un tapis de neige !
Gais Minimois, etc.

L'hôtelier du Châlet, prévenu de notre arrivée par les soins de M. Pierre, vient à notre rencontre, nous salue et nous demande si nous voulons déjeuner de suite. L'appétit n'est pas encore revenu. Il faut d'abord visiter les gorges. Deux messieurs et une jeune fille nous accompagnent.

Le Fier impétueux s'est ouvert un passage étroit et profond dans les flancs de la colline. Les parois des rochers sont taillées à pic. Elles se rapprochent ou s'éloignent en zigzag, se projettent en arêtes vives ou en bosses arrondies et dessinent des courbes capricieuses et d'un effet pittoresque. Des lianes et des branches pendantes animent de leur verdure ce site sauvage. A certains coudes, la lumière brisée se reflète, entre deux rameaux, sur la pierre polie ou sur l'écume bleuie du torrent. En haut, le ciel à peine entrevu à cinquante pieds, au milieu, la galerie courant d'un bout à l'autre des gorges, en bas l'onde mugissante qui se précipite en cascatelles, tourbillonne et creuse des puits, tel est l'ensemble du tableau.

En aval, un massif de rochers, fendus, usés, polis par les eaux, présente les aspects les plus variés et les plus bizarres. On l'appelle la Mer des Rochers.

A la visite des gorges succède un second déjeuner au Châlet. Mais l'appétit manque. Il fallait s'y attendre. Un nouveau train nous emporte à Annecy. Le jeune Bardet épiait l'arrivée de ses condisciples. En sortant de la gare, nous l'apercevons courant à toutes jambes. Cette fuite nous étonne. Nous nous rendons à la chapelle de la Visitation pour vénérer les restes mortels de Saint-François de Sales et de Sainte-Jeanne de Chantal. Au moment d'entrer à l'église, nous sommes abordés par Madame Bardet, que son fils a prévenue de notre arrivée et dont nous comprenons maintenant la fuite. Elle nous engage fort courtoisement à nous reposer chez elle quelques instants.

L'invitation est acceptée.

La chapelle de la Visitation est nouvellement construite ; elle forme un rectangle. Le corps de Saint-François se voit par dessus le maître-autel, en une châsse dorée, à travers une ouverture pratiquée dans la muraille du chœur et garnie d'une glace. Celui de Sainte-Jeanne de Chantal est placé dans les mêmes conditions au-dessus de l'autel de la chapelle latérale à droite.

Cette pieuse visite terminée, nous nous rendons chez Madame Bardet. M. Bardet regrette que son fils soit trop jeune pour nous accompagner. Il loue notre itinéraire et rappelle le temps où plus libre il pouvait lui aussi parcourir la montagne.

On nous offre du vin et des pâtisseries. Nous présentons nos hommages et nous allons sur le bord du lac, près du bateau, déposer nos sacs chez les religieuses de Saint-Joseph.

Les bonnes sœurs paraissent un peu surprises de la liberté grande d'une troupe de jeunes gens qui envahissent leur maison. Pourtant, rassurées sans doute par notre attitude, elles nous conduisent dans un petit oratoire humide et bas, où le docteur de la Savoie célébra souvent la sainte messe, y réunit et y entretint les premières religieuses de la Visitation. A la vue de notre recueillement, la révérende mère, qui nous fait les honneurs du lieu, s'enhardit à prendre la parole. Debout sur le seuil du sanctuaire, la main étendue vers le tabernacle, elle nous fait l'histoire de cette chapelle et nous adresse une courte et fort belle allocution, que nous écoutons avec une pieuse déférence. L'orateur improvisé paraît charmé de son auditoire.

Une course au château, qui fut jadis le palais des ducs de Savoie et sert maintenant de caserne, est l'affaire de quelques instants. Ce monument, orné de mâchicoulis et de créneaux, domine la ville et le lac. On y jouit sur la cité et les environs d'un vaste panorama plus digne d'intérêt que le castel lui-même,

Le bateau pour Menthon part à quatre heures. Nous avons encore une heure devant nous. Les uns en profitent pour se procurer des bâtons ferrés ; les autres se répandent dans le parc et dans la ville. La cité savoisienne a un cachet assez original. Dans le vieux quartier, le Fier coule entre les maisons, qui communiquent par de légers ponts en pierres plates. Des laveuses aux mains rougies sont espacées par groupe à des intervalles inégaux. Le lit de la rivière est pavé de débris de vaisselle, qui dessinent sous les eaux transparentes des arabesques brillantes et des mosaïques variées. Les ruelles sont bordées d'arcades où s'ouvrent les boutiques. Il s'en échappe une légère odeur de moisissure et d'humidité. La partie neuve n'offre rien qui la distingue. Les rues y sont larges et bien alignées. Le parc s'avance en promontoire sur le lac. On y voit la statue du chimiste Berthollet né à Talloires en 1748 et mort en 1822.

A quatre heures, le sifflet de la machine retentit, et le bateau s'ébranle au milieu d'un tourbillon d'écume. Juste à ce moment un rustre, barbu et chevelu, accourt à grandes enjambées, faisant au capitaine des gestes démesurés avec son parapluie de serge bleue. Il est suivi d'une jeune fille que la course a rougie comme une pivoine. Mais c'est trop tard ; le bateau s'éloigne du quai.

« C'était lui pourtant qu'on attendait » dit un plaisant.

..... pendant que sa fille cherche à le calmer et à le retenir par les basques de son habit.,....

Ce mot fait rire les passagers. Le brave homme ne rit pas lui ; il accompagne le bateau de la rive, montre le poing, lève les bras et roule des yeux furibonds, pendant que sa fille cherche à le calmer et à le retenir par les basques de son habit.

Le ciel est pur ; le soleil ardent. Une légère brise souffle sur le lac aux eaux bleues. Les rives sont belles et la traversée charmante.

A l'escale de Menthon, nous prenons nos sacs et grimpons à l'assaut du manoir. L'ascension est rude par un sentier rocailleux et exposé aux rayons d'un soleil encore trop brûlant. Les plus alertes attendent les autres sur l'esplanade, et se reposent à contempler la beauté du site. Une gouvernante nous accueille et nous conduit d'abord dans l'oratoire du rez-de-chaussée, puis au premier, où mène un escalier tournant. Nous y trouvons un jeune dominicain qui était avec nous sur le bateau, et qui est arrivé avant nous au château, en passant par le parc. Il nous introduit au salon. M<sup>me</sup> la duchesse de l'Aigle, qui nous accorde la permission de visiter sa demeure, est assise sur une chaise-longue. Nous lui présentons nos hommages. Elle nous montre la photographie du jeune Bernard. La pièce est tendue de magnifiques tapisseries des Gobelins, qui font l'admiration de Sylvestre, de Georges et d'Henri.

Le chapelain nous ouvre la chambre de Saint-Bernard, transformée en chapelle. On y voit encore le barreau que le saint brisa de ses mains et la fenêtre d'où il s'échappa la veille de ses noces, préférant au mariage un saut de vingt mètres sur un rocher. Adolphe s'étonne d'un pareil saut la veille d'un mariage ; le père le trouve au contraire très naturel. Nous vénérons à genoux les reliques du cénobite qui immortalisa les deux cols, auxquels il a donné son nom, et qui sont dans notre itinéraire.

En franchissant le seuil, nous rencontrons un ecclésiastique et deux jeunes gens. L'un d'eux est Bernard ; il reconnaît dans Sylvestre un de ses collègues d'examen devant la Faculté de Lyon, et l'accompagne un instant dans le parc. Nous faisons au bois une petite halte pour nous rafraîchir, nous restaurer, et par là même nous décharger de quelques bouteilles, reliques de notre premier banquet, trop lourdes à porter. La chaleur ne diminue pas ; il est déjà six heures, et il reste quinze kilomètres à faire jusqu'à Thônes.

La colonne se met en mouvement ; Ferdinand en éclaireur va s'informer du chemin près d'une bergère, à laquelle il adresse force politesses. La jeune savoisienne, émerveillée, lui prodigue ses indications avec une complaisance marquée. La route est bonne ; après une légère montée, elle descend en pente douce jusqu'à Alex, puis tourne à droite, et remonte le long du Fier dans une vallée verdoyante, très ombragée et surplombée à gauche par des rochers nus. La nuit tombe rapidement du haut des montagnes, et nous enveloppe de ses voiles et de sa fraîcheur. Le sac au dos et la joie dans le cœur, nous chantons avec entrain le refrain minimois, et la mère Gaspard.

Nous rencontrons un muletier endormi sur son char. Les guides traînent à terre, le chapeau est dans la boue, et le mulet s'est arrêté. Nous réveillons ce disciple de Bacchus, qui entonne aussitôt d'une voix nasillarde, en branlant la tête :

> « Mourir pour la patrie,
> « C'est le sort le plus beau » etc...

Nous entourons la charette et allumons une dizaine de bougies. Le bonhomme fouette son mulet et lui crie :

Hue, Marquis !

Marquis avance, mais sans sortir du cercle de feu qui l'enveloppe. Ivre et sans lanterne le muletier se croit arrêté par les gendarmes et supplie Marquis de précipiter sa course pour leur échapper. Quand il est bien réveillé, nous l'abandonnons enfin à ses grognements.

Le ciel est scintillant d'étoiles, l'air calme. Ferdinand entonne : « *Si j'étais roi* » et divers airs d'Opéra ; La Joquére et Barthélemy lui répondent. Camille essaye ses premiers calembourgs ; la gaîté, l'entrain abrègent la longueur de la route. Voici des lumières ; c'est Thônes sans doute. Nous nous mettons en rangs et M. Pierre récite la prière du soir. Renvoyée plus tard elle pourrait être écourtée; car la fatigue commence à se faire sentir. Il est huit heures et quart. Les lumières aperçues viennent d'une ferme :

« Thônes est à cinq minutes plus loin, » disent les paysans que nous rencontrons.

Les cinq minutes passent et dix autres encore et nous n'arrivons pas. François se demande si dans un moment de distraction nous n'avons pas dépassé la ville, sans la voir, et s'il ne serait pas prudent de retourner en arrière. Les sacs pèsent rudement ; nos pieds sont endoloris et Camille prétend que les cinq minutes auraient permis de fumer trois cigares. Il est en effet neuf heures et la route continue à dérouler devant nous ses courbes interminables.

Enfin nous apercevons une ligne de feux, puis la silhouette de quelques maisons. Le bruit de nos pas attire les gens sur le seuil des portes. Nous demandons la principale auberge de la ville ; une jeune fille s'empresse de nous conduire à l'hôtel Plain-Palais. Une bande de curieux marche à notre suite et s'arrête à nous contempler à travers les vitres. Pendant que nous débridons nos sacs et quittons nos chaussures pour mettre nos pieds plus à l'aise dans une paire d'espadrilles ou de pantoufles et que les deux infirmiers appliquent du collodium ou de l'arnica sur les blessures, la foule fait sur notre compte toutes sortes de suppositions. Les uns nous prennent pour une compagnie d'officiers en reconnaissance sur la frontière ; les autres affirment que nous sommes des botanistes. D'autres trouvent un prétexte pour entrer dans la salle, échanger quelques mots de conversation avec nous et demander confidentiellement à l'hôtelier à qui nous en voulons.

Les fourneaux sont ronflants ; la maîtresse d'hôtel, ses trois servantes et ses deux valets s'agitent et courent en tous sens. Bientôt nous pouvons nous asseoir au premier étage autour d'une table copieusement servie. Notre première fougue est tombée ; pourtant la gaîté règne encore. Tout à coup un bruit sourd et prolongé se fait entendre. Nous écoutons ; Louis dort bruyamment sur son assiette qu'il salue d'inclinations répétées. Sylvestre explique le cas par trois jeux de mots, et nos rires tirent le dormeur de son engourdissement. Mais la nature l'emporte sur le courage, et le cher enfant retombe jusqu'à quatre fois dans cette somnolence avant la fin du souper. Emus d'un si pressant besoin, nous nous hâtons de le conduire à sa chambre et de gagner nos lits, remerciant Dieu de cette première journée.

A onze heures trois quarts, deux vigoureux

gaillards pénètrent, sans crier gare, dans l'appartement de M. Pierre. Henri et Georges, qui dorment dans la chambre voisine, réveillés par un bruit de sabots et de voix inconnues, songent à une attaque nocturne et se préparent à voler au secours de leur chef. Henri s'arme de son couteau-poignard, Georges de son alpenstock et de son bonnet de nuit. Ils n'attendent qu'un appel. Le général ne le donne pas ; la discussion d'abord animée se calme ; puis on n'entend plus que des pas lourds et retentissants qui s'éloignent dans l'escalier.

Nous apprîmes le lendemain que ces visiteurs tardifs et inopportuns étaient deux voituriers que M. le maître d'hôtel avait envoyés à M. Pierre, sur sa demande, afin de convenir avec lui de l'heure du départ pour La Clusaz et du prix du trajet.

De minuit enfin à quatre heures et demie, le repos est complet, sauf pour Gabriel qui rêve de précipices, et se voit roulant dans une gorge sans fond. Il entraîne à sa suite ses camarades. Devenus tout à coup, par une métamorphose bizarre, l'ivrogne du chemin et son mulet, le rustre du bateau, la religieuse d'Annecy et la bergère de Menthon, ils s'accrochent aux pointes des rochers où ils restent suspendus, et lui font des pieds de

..... sauf pour Gabriel qui rêve de précipices.....

nez, pendant qu'il continue à dégringoler dans
l'abîme.

# DEUXIÈME JOURNÉE

---

### De Thônes à Mégêve.

*Jeudi 17 août.* — A quatre heures et demie, M. Pierre heurte à la porte des chambres. A ce signal chacun se lève, fait sa toilette et descend au rez-de-chaussée. Trois voitures sont rangées devant l'hôtel.

— « Pour qui sont-elles ? » demande Barthélemy.

— « Pour vous, » répond le général.

Cette nouvelle chasse la mauvaise humeur de ceux qui croyaient n'avoir pas assez dormi et que la pensée d'une étape, bien plus difficile que la précédente, effrayait déjà.

Nous jetons à la hâte un coup d'œil sur la ville. Thônes se révèle à nous dans le calme du matin ce qu'il nous a paru la veille à la lueur des lanternes : un gros bourg savoyard, planté à la jonction de deux vallées (626ᵐ).

On nous sert une grande tasse de café noir. Nous souhaitons le bonjour à l'hôtelier qui nous a bien reçus et n'a pas chargé sa note et nous montons en voitures à cinq heures. Les sacs et les bâtons sont alignés dans un coin des véhicules. On entend un bruit de ferraille et des coups de fouet. Nous sommes en route pour La Clusaz.

L'air vif et le mouvement de la voiture ne tardent pas à chasser ces dernières torpeurs de la nuit.

Sylvestre s'étire, Barthélemy baille ; les mines sont pâles ; l'entrain manque. L'air vif et le mouvement de la voiture ne tardent pas à chasser ces dernières torpeurs de la nuit. Une pluie fine tombe ; il fait presque froid et la neige saupoudre les hauteurs. Pour la première fois nous déroulons nos plaids. Nous nous encapuchonnons en nous serrant les uns contre les autres et ressemblons à une douzaine de moines à tête grise et noire. La conversation peu animée roule sur les plaisirs et les fatigues de la veille et les surprises du paysage. Les chevaux trottent bien et déjà nous avons dépassé Les Villards.

La Clusaz est à douze kilomètres de Thônes. La route est agréable. Ombragée de noyers et d'acacias, elle étend sa ligne blanche à travers des champs et des prairies d'une vigoureuse végétation, entre deux rangées de montagnes aux formes majestueuses et sauvages. A six heures et demie nous atteignons Saint-Jean de Sixt. Les nuages fuient et le soleil apparaissant par intervalles égaye la campagne et les touristes. La route tourne à droite et devient montueuse ; elle suit une gorge étroite et offre des passages très pittoresques au milieu des sapins, sur le bord du torrent profondément encaissé.

Nous arrivons à La Clusaz ($1{,}040^{m}$. d'alt.) à sept heures et demie. Ce petit village, situé au confluent du Le Nom et du Le Vard, se compose de quelques maisons en bois et en ardoises sur une assise de pierres. L'église est propre. Pendant les préparatifs du déjeuner, les naturels du pays engagent la conversation et nous apprennent qu'ils reçoivent souvent la visite des excursionnistes du Club-Alpin.

La plupart de nous se mettent à écrire soit courte missive, soit long récit. C'est le premier moment libre dont nous disposons pour instruire nos parents de l'état de la caravane et les rassurer sur notre situation. Nous n'oublions pas que nos frères, nos sœurs, nos mères surtout nous suivent de la pensée et s'inquiètent vivement à notre sujet. Ce petit billet que l'un trace au crayon sur ses

Ce petit billet que l'un trace au crayon.....

genoux, et l'autre sur son sac avec une mauvaise plume d'auberge va porter au foyer paternel un rayon de notre joie. Les lettres envoyées ou reçues

durant le trajet d'un voyage ont un charme parti-
culier.

— « Enfin la nappe est mise et la table servie. »
Du beurre, du lait bouilli, des œufs, des poulets,
du fromage et des figues forment la substance du
déjeuner. Ne demandez pas des beefsteaks ; il n'y
en a pas. Ce premier déjeuner de montagne ne
plaît pas à tous les goûts. Il y manque, je crois,
l'appétit.

A neuf heures nous levons la séance. Les villa-
geois, réunis pour nous voir, nous saluent et nous
souhaitent bon voyage ; ils nous assurent qu'en
deux heures nous arriverons au Col des Aravis.
Les cinq minutes de la veille nous empêchent d'a-
jouter une foi trop aveugle à cette engageante
promesse. Il est midi en effet quand nous atteignons le sommet du col.

La vallée a la forme d'une cuvette très allongée.
A gauche, une route nouvellement faite trace des
méandres sur le flanc de la montagne. Au fond,
serpente un sentier rocailleux, près du torrent qui
coule à droite. De nombreux châlets s'élèvent de
distance en distance, tantôt par groupes et tantôt
isolés. Ces masures, vues de loin, ressemblent aux
compartiments d'une ruche à miel. Un gazon fin

et menu tapisse le bas et les premières pentes des monts, couverts plus haut de sapins et de mélèzes, entre lesquels se détachent çà et là des rochers abruptes et les arides déchirures de la montagne dénudée.

Des centaines de vaches et des troupeaux de moutons paissent sur les deux versants et animent la vallée de leurs *sonnailles* incessantes. Le Rocher de l'Etale (2,483$^m$) et la Porte des Aravis (2,332$^m$), qui forment le col de ce nom, paraissent avoir été séparés violemment par un brusque soulèvement du sol. Leurs crêtes sourcilleuses se dressent en avant dans le ciel, comme pour se rejoindre à une hauteur de huit cents mètres au-dessus du passage.

Les gens de la contrée émigrent en partie vers les grandes villes. De retour dans leur pays, ils achètent quelques arpents de terre et une chaumière. Voilà pourquoi ces sites sauvages sont peuplés de tant de chàlets. Les petits savoyards qui n'émigrent pas, ne rappellent guère celui du poëte Guiraud. Fatigué de son sac, dont les courroies lui coupent les épaules, Sylvestre hèle un garçonnet de douze ans, et lui demande de porter son bagage jusqu'au sommet de la montée. Le bambin ouvre de grands yeux effarés et ne répond mot. Le père s'approche.

— « Ce n'est pas lourd » dit Sylvestre en montrant le colis, « ça ne pèse que cinq livres. »

Il pesait en réalité, un peu plus de cinq kilos, et ce manque de précision ne fait pas honneur à un mathématicien. Mais l'intérêt n'est-il pas toujours un merveilleux instrument pour nous crever les yeux ? L'appât d'un gain facile sollicite le brave homme. Il regarde son fils qui baisse la tête ; la tendresse paternelle l'emporte sur l'amour du lucre.

— « Le petiot est trop vergognioux, » dit-il ; « il ne vout pas ; il est hontoux. »

Sylvestre, mécontent de ce refus, s'en console auprès de M. Pierre, et soutient que Guiraud n'a pas observé la nature et a embelli les petits savoyards. Non, celui-là ne dira jamais :

« Avec leurs grands sommets, leurs glacés éternelles,
Par un soleil d'été, que les Alpes sont belles.»

Cette citation en amène une autre ; comme il n'a pu se décharger de son sac, le colonel le fait aller de l'épaule gauche à la droite, et de la droite à la gauche, en murmurant avec une profonde philosophie :

..... Levius fit patientia
Quidquid corrigere est nefas (Hor., liv. I., od. 24).

« La patience rend plus léger tout mal dont on ne peut se défaire. » O Horace ! tu ne t'attendais pas à servir de remède aux souffrances d'un touriste, grimpant au col des Aravis !

Pourtant ces montagnards sont serviables. L'un d'eux nous aperçoit et vient à notre rencontre pour nous indiquer un sentier plus court. Quelques retardataires se sont séparés de la bande ; il pousse l'obligeance jusqu'à les attendre, pour leur montrer le chemin. Personne ne manque de nous saluer avec politesse et de nous dire : Bon voyage !

Quel superbe coup d'œil présente la caravane dans cette ascension ! Paul et Camille sont en tête. Les autres viennent à la file et nous dessinons sur le gazon vert une gracieuse ligne mouvante. Les blancs couvre-nuque flottent au vent; les bâtons se lèvent en cadence et les sacs exécutent avec ensemble, sur les épaules, un léger balancement qui rend la marche des touristes pleine de souplesse et d'harmonie.

Parvenus au sommet (1,493 m.), nous saluons les aiguilles de Varrens qui brillent d'une teinte rose dans un rayon de soleil. Mais le Mont-Blanc s'est coiffé, et nous dérobe sa face sous un nuage obs-

tiné. Nous comptions faire au géant des Alpes
une ovation. Cette déception n'est pas du pro-
gramme ; les nez s'allongent, Gabriel tourne le
dos au Mont-Blanc pour le narguer, et une pointe
de mauvaise humeur se manifeste sur plusieurs
visages. Grimper cinq heures pour jouir d'un splendide panorama et ne voir presque autre chose que
des nuages n'est pas agréable !

Nous nous asseyons sur quelques troncs d'arbres, près d'une petite chapelle et restons en
contemplation devant la Tête des Aravis, faible
compensation de la vue du Mont-Blanc. L'air
est vif ; nos plaids sont impuissants à nous
garantir du froid. Nous descendons environ deux
cents mètres sur le versant méridional, et nous nous
établissons avec délices sur les racines à fleur de
terre d'un énorme sapin qui nous abrite de ses
branches contre le vent.

Ainsi campés, nous tirons de nos sacs nos ser-
viettes, nos assiettes d'étain et nos gobelets de cuir,
et attaquons avec appétit les derniers reliefs du
déjeuner d'Ambérieu, une conserve de langue de
bœuf, offerte par Henri, et l'immense saucisson de
Lyon que Sylvestre porte sur son sac, comme un
bâton de maréchal. Cette conserve a déjà failli

mettre le désordre dans les rangs. C'est à qui l'é-
vitera. Elle est lourde et incommode. Avec cette
promptitude de jugement, particulière aux jeunes
esprits, les touristes se demandaient si elle n'était
pas destinée à faire le voyage avec nous et à rentrer
intacte à Lyon. Quelques-uns même, avouons-le,
ont eu la perfide pensée de l'oublier au fond d'un
ravin. Le fait est déjà arrivé pour une carte, un
thermomètre et des bouteilles de Bordeaux. Mais
l'appétit modifie les idées. Cette langue, c'est un
don de la Providence maintenant! Que ferions-
nous sans elle?

Henri éventre la boîte et, avec sa grâce habi-
tuelle, il fait les honneurs de son plat. Chaque
convive se sert avec un sourire de visible satisfaction. Cette langue est succulente. Qui songe
encore à la peine qu'il a eue à la porter? On va
même jusqu'à proposer d'en commander une autre par dépêche, pour le Grand Saint-Bernard. Le
pain est peu abondant. On s'en partage avec complaisance les dernières miettes. Le saucisson est
d'un goût parfait. Le colonel le détaille lestement.
Malheureusement, ce saucisson altère. On demande le Bordeaux. Hélas! personne n'en possède
plus le moindre flacon. — Quels regrets d'avoir
oublié hier ces bouteilles, quand la nuit, toujours
complice des lâches desseins, favorisait l'égoïsme

des porteurs infidèles! il faut donc se désaltérer au
torrent. Mais les gourdes sont là, déjà bien légères, tant elles ont reçu d'accolades ; pourtant elles

Le festin est suivi d'un petit concert et des cabrioles de Ferdinand.

suffisent, et l'eau, coupée de cognac ou de rhum,

devient un breuvage délicieux. Le festin est suivi d'un petit concert et des cabrioles de Ferdinand. Toutes les fatigues ont disparu ; la joie est complète.

A une heure et demie nous terminons la sieste. En quelques bonds, nous franchissons plusieurs centaines de mètres sur cette pente rapide. Paul s'aperçoit alors qu'il n'a plus ses jumelles.

— « Et le marteau ? », lui crie-t-on de toutes parts.

Le marteau est sur son cœur, le manche passé dans la veste. Il le montre avec fierté. La caravane s'arrête contre un rocher, en face d'une cascatelle. M. Pierre et Paul remontent à la recherche de la lunette. Ils ne découvrent rien. Paul fait le sacrifice de l'objet perdu ; sur les instances du général, il jette pourtant un dernier coup d'œil autour de lui et aperçoit ses jumelles dans l'herbe, quelques pas au-dessous de l'endroit où nous avons campé. Des cris de joie retentissent, et la caravane reprend sa course échevelée sur la Giettaz.

Le chemin est horrible. C'est presque une descente à pic à travers les cailloux. Les touristes n'ont ni le même pas, ni la même solidité de jarrêt, et bientôt la bande se trouve divisée en trois groupes. Camille et Paul, impassibles et sûrs, marchent devant. Ils ne se laissent arrêter, ni par la beauté des paysages, ni par les aspérités de la route. Ils connaissent le but; ils y courent, ils y volent, se parlant peu, mais lisant de temps en temps une page du guide Bœdæker. Georges, Adolphe, François, Sylvestre, Barthélemy et Ferdinand s'échelonnent après eux, sur une longue distance. Parmi eux sont les ménestrels de la troupe, qui font retentir les échos du bruit joyeux de leurs chansons. Enfin Henri, Gabriel et M. Pierre forment l'arrière-garde; ils s'attardent aux cascades, devant les rochers, et perdent du temps à jouir des splendeurs de la promenade.

Quels sites ravissants et variés! Là-bas, au fond de la gorge, l'Arondine mugit, écume, se précipite en sauts vertigineux, en cascades éblouissantes, disparaît sous les arbres ou les escarpements en saillie, puis à un coude du chemin, reparaît pour fuir encore. La route est tantôt ombragée, riante et perdue dans les bois, tantôt découverte avec de magnifiques échappées de vue sur les flancs de la montagne. Les deux versants sont boisés et presque à pic. Enfin, à un détour, se montre tout à coup le pont, puis le village de Flumet, coquettement assis dans un cadre de verdure, au con-

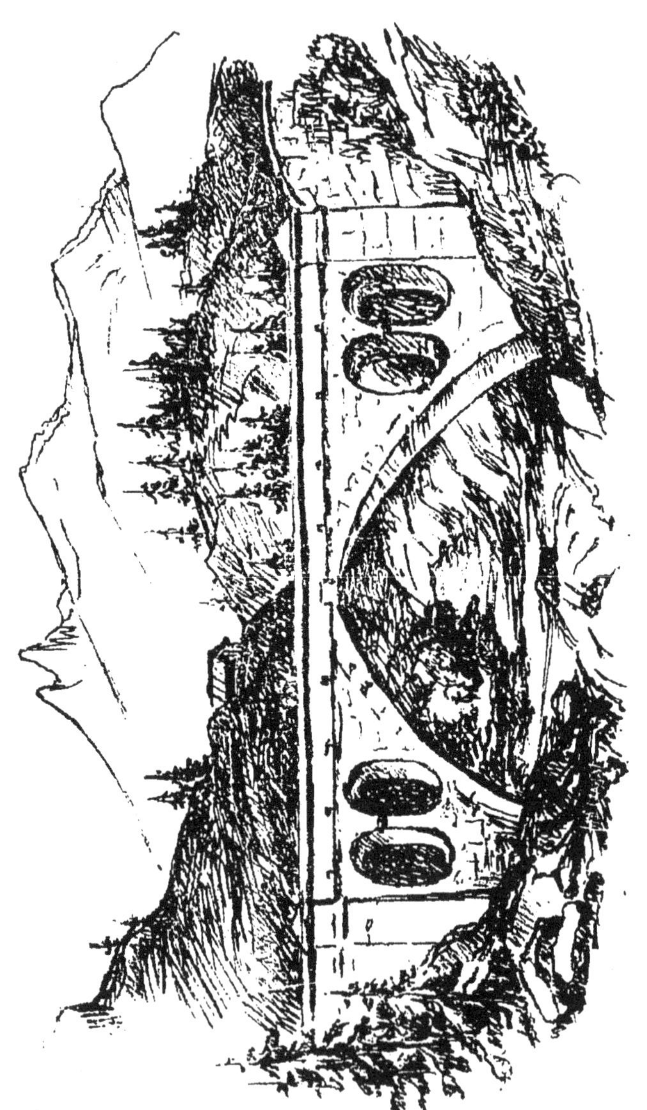

Enfin, à un détour, se montre tout à coup le pont....

fluent de l'Arondine et de l'Arly, et dominé dans le lointain par les ruines du château de Faucigny. Il est quatre heures et demie ; nous avons quarante minutes de repos.

De l'eau bouillante, du sucre et du rhum ravivent nos forces. Nous conseillons aux touristes qui n'ont pas la possibilité de se procurer un punch correct, composé des cinq ingrédients classiques : rhum, sucre, citron, cannelle et thé, de faire simplement dissoudre du sucre dans de l'eau bouillante et d'y verser un peu de rhum ou de cognac. C'est une boisson hygiénique et délicieuse. Puisque nous en sommes aux conseils, en voici un autre dont nous avons usé avec avantage. Arrivez-vous épuisé à la fin de l'étape? Lavez-vous les mains et le visage avec de l'eau aussi chaude que vous pourrez l'endurer. Sous son action les muscles se détendent et la fatigue disparaît comme par enchantement. Cette salutaire pratique, que Georges et Henri nous ont fait connaître, est le fruit de l'expérience d'un alpiniste distingué.

Il nous reste encore douze kilomètres jusqu'à Mégêve et nous en avons fait plus de trente dans la montagne. Nous nous mettons en quête de voitures. Nous recevons partout la même réponse, que nous entendrons souvent dans la suite du voyage. Mais alors ce refrain toujours le même ne nous convaincra plus. Il ne reste dans tout le village, nous dit-on, qu'un seul mulet. Encore est-il retenu. Les deux dernières voitures disponibles sont parties vides pour Mégève dix minutes avant notre arrivée. Quel fâcheux contre-temps ! On aurait été si content de nous mener ! Le lendemain nous apprîmes par d'autres touristes que

Un petit monsieur court, rondelet, presque borgne.

l'on tenait à Mégève un langage analogue. Tous les

véhicules de cette localité se trouvaient à Flumet !
La route se fera donc à pied malgré la fatigue.

Au sortir de l'auberge, un petit monsieur court,
rondelet, presque borgne, porteur d'une décoration
étrangère et d'ailleurs assez bien vêtu, nous aborde
poliment, décline sa qualité de journaliste parisien
et nous prie de lui donner quelques renseignements sur la région que nous avons parcourue.
Deux jeunes dames l'attendent et s'installent dans
leur tilbury. Elles trouvent sans doute que leur
compagnon prolonge trop sa conversation avec
nous et l'appellent. Il nous prévient que le chemin
est mauvais et boueux. En effet la carte de l'état-
major porte le tracé d'une belle route, mais qui en
réalité est à peine commencée. Le voyageur doit
suivre un horrible chemin de campagne.

Nous reprenons nos bâtons et nos sacs; mais
Georges et Ferdinand ont disparu. Nous les at-
tendons et bientôt ils arrivent avec des drapeaux
et une douzaine de lanternes vénitiennes pour
organiser une promenade aux flambeaux. Nous
avançons lentement. Au bout de six heures de
marche, les courroies du sac vous labourent les
épaules et mettent un frein à tout mouvement
d'admiration. On s'extasie moins à l'aspect des
cols, des pics, des vallons, des torrents et des

cascades. Du reste le paysage n'a plus rien d'extraordinaire et la nuit commence.

Un chariot est nécessaire pour nos bagages. Nous frappons à la porte des maisons. Un brave homme nous indique une ferme où nous trouverons un cheval. L'avant-garde y court. On parlemente et le prix est accepté; mais il n'y a point de char. On finit par en monter un avec des pièces qui s'accordent mal et le coursier est attelé, sous la conduite d'un joyeux gars de quinze ans, très heureux de notre rencontre. Les sacs sont déposés sur le véhicule; Henri qui souffre du pied s'adjoint aux colis, puis Adolphe et Barthélemy; mais les cahots sont si durs qu'il vaut encore mieux aller à pied. La singularité de notre équipage amuse tout le monde et la fatigue s'oublie; nous retrouvons même assez de forces pour fournir un pas gymnastique et suivre le cheval au trot. On rit, on chante.

A l'approche de Mégève (1,130 m.), nous récitons la prière. Nous prenons ensuite nos dispositions pour faire une entrée triomphale. Le colonel se hisse sur le cheval, en postillon. Ferdinand et Barthélemy se placent sur le char. Georges, Louis portent les drapeaux, en tête de la colonne; les autres se rangent en ligne autour de la voiture et

Toute la population accourt sur notre passage.

brandissent les lanternes allumées au bout des alpenstocks. Adolphe entonne l'hymne minimois et en cet ordre, d'un pas militaire, nous arrivons à Mégêve. Toute la population accourt sur notre passage. Les enfants se bousculent; les femmes poussent des cris d'admiration; les jeunes filles nous montrent du doigt et tout le monde nous escorte jusqu'à l'hôtel du Soleil d'or. Jamais le petit conducteur ne s'est vu à pareille fête. Il rayonne de joie.

La maîtresse d'hôtel s'empresse de nous procurer des baquets d'eau fraîche pour nos pieds endoloris. On prépare des chambres, des lits et surtout un excellent dîner. La journée se termine gaiement par une courte promenade dans le bourg. Le repos de la nuit est bien mérité et chaque touriste s'endort content de lui-même et des autres.

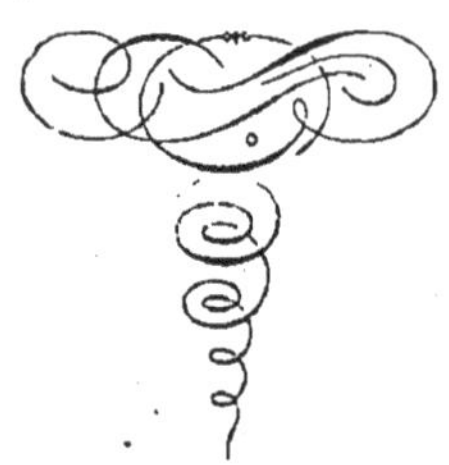

# TROISIÈME JOURNÉE

## De Mégêve à Servoz.

*Vendredi 18 août.* — Mégêve ne devait nous laisser que de bons souvenirs. Un soleil radieux pénètre dans les chambres et chasse les brumes de la nuit. A six heures, le réveil est accompagné de gambades et de cris bruyants, indices certains que le sommeil a été réparateur. Seul Sylvestre reste étendu sur sa couche, allonge ses bras et médite mélancoliquement sur les vicissitudes humaines et les désagréments d'un lever matinal. Barthélemy fait retentir toute la maison de ses accents sonores ; l'animation de nos mouvements est telle que personne bientôt ne dort plus dans l'hôtel.

La maîtresse de céans, toujours accorte et vive, nous sert lestement un petit déjeuner suisse : café au lait, beurre et miel. La note est facile à acquitter. Ne craignez pas, touristes, d'aller au Soleil d'or. L'hospitalité y est simple, avenante et peu coûteuse.

A sept heures, nous bouclons nos sacs. Sylvestre passe à Louis le carnet des notes, sans avoir maculé une page entière. Mais il a marqué dans son esprit tous les détails intéressants et en fera plus tard le récit humoristique.

Le ciel n'a presque pas de nuages. Nous devions faire l'ascension du Mont Joli et descendre à Saint-Gervais par Saint-Nicolas de Venoce. Mais la course est longue, la pente abrupte et la journée sera chaude. D'ailleurs le mont cache sa tête dans les brouillards. Monter pour ne rien voir peut-être ! Ne vaut-il pas mieux ménager nos forces ? D'un accord unanime l'ascension est abandonnée ; c'est à tort. Car dans l'après-midi la montagne se détachera sur l'azur nette et bien éclairée.

Nous prenons la route de Sallanches, sur laquelle sont espacées quatorze chapelles, représentant les stations du chemin de la Croix. Dans toute la Savoie nous avons remarqué ces monuments de la piété chrétienne. Le long des chemins, dans les sites les plus reculés, dans les lieux les plus sauvages s'élève presque toujours un oratoire, orné avec plus de dévotion que de goût artistique.

En face de nous se dressent les aiguilles de Varens ; la vallée de l'Arve s'ouvre comme une large

crevasse sur ce sol tourmenté et décrit un arc con-
vexe presque régulier ; sur la gauche nous apercevons le clocher de Sallanches. Nous obliquons à
droite, traversons un bois et découvrons, dans la
direction de Saint-Gervais, le massif du Mont-Blanc,
le glacier de Bionnasset et le Dôme du Goûter. Cette
première apparition du roi des Alpes nous cause
un profond saisissement. Nous levons nos casquettes et restons plusieurs minutes en contemplation
devant cette masse neigeuse d'un éclat éblouissant
sous les rayons du soleil.

A partir de Hauteville, la route s'améliore, devient ombragée, serpente dans des bois de sapins
et offre un coup d'œil superbe sur la vallée de
l'Arve. Nous nous mettons au pas, déployons nos
étendards ; les chanteurs essayent tour à tour les
airs les plus variés de leur répertoire, et, dans ces
conditions, jusqu'à Saint-Gervais, la marche devient une promenade ravissante. Nous traversons le
village en ordre de bataille. Le colonel s'arrête à
l'hôtel du Mont-Blanc, pour commander le déjeuner.

Nous prenons le petit sentier qui descend à travers
la prairie jusqu'au lit du Bon-Nant. Nous visitons la
cascade de Crépin et le Pont-du-Diable, perdus au
fond de cette gorge sauvage. Un autre sentier, tor-
tueux et mal aisé, nous conduit sous bois à l'éta-

blissement des bains, situé dans la vallée de Mont-
Joie, à cent quatre-vingts mètres au-dessous de
Saint-Gervais. M. le Directeur des thermes nous
fait bon accueil ; il nous avertit que les cuves sont
épuisées, et que sept seulement pourront se baigner. Nous lui demandons à entrer dans la piscine.
Mais elle n'est pas achevée, et ne sera livrée au
public qu'en 1883. Il nous offre pourtant un cabinet
pour déposer nos sacs. Après le bain, nous retour-
nons au village, à l'hôtel du Mont-Blanc, où un dîner maigre, convenable, nous est servi.

Les membres de la caravane s'éparpillent ensuite dans le village. Henri dessine au salon ;

Elle joue, elle chante et donne une séance complète de coquetterie.

Adolphe s'empare du piano ; mais une dame et sa

sa fille entrent, suivies de deux chevaliers ser-
vants. Adolphe bat en retraite avec prudence, et
Louis sourit des mouvements de La Joquère qui
ne veut pas compromettre sa réputation de pia-
niste. La jeune dame prend la place laissée vide.
Elle joue, elle chante et donne une séance complète de coquetterie. Les deux messieurs se tiennent debout comme des cariatides aux angles du
piano. L'un applaudit à chaque pause, et l'autre
traduit invariablement son enthousiasme par des
bravos répétés sur les diverses notes de la gamme.
La demoiselle ne chante pas encore; mais elle
joue déjà du piano et de la prunelle. Pendant ce
manége, Henri a croqué la personne : et nous la
présentons au lecteur.

Sur ces entrefaites, apparaît sur la route le
P. Joseph, de Genève, armé d'une ombrelle. Nous
courons à sa rencontre. Il est bien surpris de
reconnaître des Minimois, et nous invite à passer
chez lui à notre retour.

— « J'ai de vastes dortoirs pour vous loger tous
sur le bord du lac Léman. »

Mais ce n'est pas notre itinéraire.

M. Pierre loue une voiture pour les sacs et les
cinq touristes les moins vaillants ou les plus dé-

licats : Sylvestre, Georges, Barthélemy, Henri et François.

Pendant que ces messieurs descendent jusqu'à l'établissement des bains pour prendre les sacs, le gros de la caravane se dirige sur Servoz, par le sentier du bois qui abrège le trajet d'une heure environ. Paul est bientôt las de trébucher sans cesse contre les racines et les cailloux, et de donner à ses pas plus d'attention qu'au paysage. Il se jette à la course dans un pré en pente raide, roule sur lui-même comme un rocher détaché de la montagne, et dégringole en quelques secondes jusqu'à

Il se relève, se frotte, se palpe.....

la route. Camille ne tarde pas à le suivre. A la

grande jubilation de Gabriel et de Louis, et malgré la défense du général, il s'élance sur les traces de son ami, culbute avec la prestesse d'un chamois et arrive au bas, sinon sans émotion, du moins sans foulure. Il se relève, se frotte, se palpe. Après avoir constaté que sa personne n'est pas endommagée sérieusement, il tire avec flegme un petit cigare. Au moment de l'allumer, il se souvient du conseil paternel :

— « Fume à l'arrivée, quand tu voudras; mais en marche, jamais. »

Et le voilà qui remet docilement en poche son vevey ; mais il a l'espoir de le griller à Servoz, et cette douce pensée le soutient, l'égaye et le ranime.

La grande route est très pittoresque sur les bords de l'Arve. A droite, des rochers la surplombent et nous protégent de leur ombre contre la chaleur. A gauche, le torrent tourbillonne et gronde à cinquante mètres au-dessous. Des enfants nous offrent des roses et des paniers de fraises. Nous franchissons un tunnel. Il est sept heures. La vue du Mont-Blanc nous est dérobée ; mais en arrivant sur le pont, un spectacle féerique frappe soudain nos regards et nous arrache un cri d'admiration. Les Grands-Mulets nous apparaissent enveloppés par le soleil couchant d'une auréole lumineuse. La neige prend une teinte dorée qui se rapproche insensiblement de l'orangé, du rose et du violet. Jamais nous n'avions vu de pareils effets de lumière. La nouveauté et la splendeur de ce phénomène nous tient arrêtés. Nous arrivons à Servoz, à l'hôtel de l'Univers, seulement avec les ombres de la nuit.

M. Charles Durier, vice-président du Club-Alpin, auteur du bel ouvrage : *Le Mont-Blanc*, couronné par l'Académie française, nous avait annoncés. Le général demande si M. Robert Cazin est là.

— « Il vous attend chez lui », répond l'hôtesse, en montrant une jolie maison blanche, aux volets verts, près de l'hôtel, au pied de la montagne.

M. Cazin est un grand jeune homme, brun, svelte, distingué, à la physionomie fine et intelligente.

— « Messieurs, nous dit-il, soyez les bienvenus ! Vous serez mes hôtes cette nuit. J'ai six chambres à votre disposition. Je sais tous les encouragements qu'il faut donner aux caravanes. Je voudrais vous offrir plus et mieux, si je le pouvais. »

Ce gracieux accueil était inespéré. Il nous va droit au cœur, et nous fait oublier notre lassitude. Trouver presque les attentions d'un ami au lieu de la politesse banale et intéressée d'un maître d'hôtel, quelle chance !

En attendant le dîner, messieurs les infirmiers vaquent à leurs fonctions! Les chaussures se vengent sur nous des souffrances qu'elles endurent. Le général a deux cicatrices au-dessus du talon. Heureusement la blessure ne sera pas mortelle pour lui, comme pour Achille. Henri a la jambe enflée. Mais aussi, pourquoi est-il sans cesse à courir sur le bord des précipices? Barthélemy con-

Barthélemy contemple, d'un œil profondément triste, une petite rougeur survenue à ses jolis pieds.

temple, d'un œil profondément triste, une petite rougeur survenue à ses jolis pieds. Hélas! s'il allait prendre des cors! Quel dommage! Paul, Camille, Gabriel, Adolphe, Georges, sont invulnérables. Leurs personnes sont si éthérées, leur démarche si légère qu'ils semblent ne pas toucher la terre et n'être point sujets aux communes infirmités des mortels. Durant cette opération qui se fait dans la salle basse, Henri égare son couteau poignard. Oncques depuis on ne l'a revu.

On annonce le dîner. Nous montons au premier et suivons une galerie extérieure qui nous mène à la salle à manger. On s'assied; les mêts sont à peu près convenables. On apporte même des poulets dorés, appétissants. Mais c'est vendredi! La faim des convives proteste contre leurs convictions religieuses. Elles ont pourtant la victoire. M. Pierre déclare que les poulets n'étaient pas commandés et qu'ils resteront pour le déjeuner du lendemain. Un mauvais plat de pommes de terre, cuites à l'eau, a bien de la peine à les remplacer. Le vin est détestable; les bouteilles ne se vident pas; en revanche, les carafes sont toujours à sec, et la servante paraît étrangement surprise de ce phénomène. Elle fait bien de n'en pas demander l'explication. Les rires et les calembourgs tiennent lieu de bonne chère.

Le ciel est parsemé d'étoiles; nous respirons un

air pur sur les bords de l'Arve, au bruit sourd des cascades de la Diozaz. Camille allume son petit vevey. M. Cazin et le général prolongent leur entretien et règlent ensemble les détails de la journée suivante. Enfin M. Pierre annonce que le repos sera permis jusqu'à sept heures. Quelle bonne fortune ! Pour ne rien perdre d'une si longue nuit et rendre à nos muscles épuisés la vigueur et la souplesse, nous nous retirons à dix heures dans nos chambres, qui sont larges, propres et bien aérées.

# QUATRIÈME JOURNÉE

**De Servoz** (800 m.) à **Chamonix** (1,050 m.)

*Samedi 19 août.* — Le soleil éclaire nos chambres. Une douce fraîcheur, émanée de l'Arve et des cascades prochaines, entre par les fenêtres entr'ouvertes, vivifie nos poumons et ranime nos membres engourdis. Deux alpinistes, sourds au signal du réveil, prolongent sournoisement leur repos et savourent la douceur de se sentir mollement étendus sur leurs couchettes. Tout à coup un cri strident nous fait tressaillir. Nous accourons, qui en pantalon, qui en bonnet, au secours de la victime éplorée d'un accident subit. Que se passe-t-il ? Quel malheur est arrivé ? Nous ouvrons la porte de la chambre ; Gabriel et Ferdinand, comme mus par un ressort, se sont jetés hors du lit et promènent *en costume blanc* leur épouvante. Une énorme chauve-souris s'était blottie sous le traversin de Gabriel ; elle a dormi sous sa tête, jusqu'au moment où, le frôlant au visage, elle lui a arraché un cri de frayeur. Un immense éclat de rire part de toutes les bouches et chacun retourne à sa toilette.

Sous l'aimable direction de M. Cazin nous visitons les gorges de la Diozaz. Ce torrent descend du Buet et du col d'Anterne entre deux escarpements si ardus qu'on ne pouvait l'aborder ni d'en haut, ni d'en bas. Les cascades mêmes n'étaient connues que par le bruit des flots. M. Cazin, professeur à l'Université, vint s'établir à Servoz, il y a quelques années. Il se fit descendre par une corde dans la profondeur des gorges, constata douze cascades et organisa une société, chargée de les rendre accessibles aux touristes. Depuis une galerie, fixée au rocher, au prix des plus grands dangers, court le long des parois sur une distance de douze cents mètres et permet de voir ces horribles beautés de la nature. M. Robert Cazin nous fait les honneurs de l'œuvre de son père.

Au bas de la montagne on rencontre un monument funéraire, élevé à la fin du dernier siècle à la mémoire d'un voyageur égaré, qui se tua dans ces parages, où il s'était engagé sans guide. Le style emphatique de l'inscription est digne de l'époque.

Après le déjeuner, nous saluons M. Cazin et prenons la route de Chamonix. A propos de ce nom

faisons remarquer que, si nous l'avons vu partout
écrit Chamonix, nous l'avons toujours entendu
prononcer *Chamouny*. Nous laissons nos sacs aux

Nous laissons nos sacs aux soins de la maîtresse de l'hôtel.

soins de la maîtresse de l'hôtel de l'Univers qui
se charge de les faire conduire à l'hôtel de l'Union,
où M. Charles Durier a bien voulu écrire et nous
retenir un logement. Ainsi débarrassés de tout
fardeau, nous sommes plus gais et plus agiles.

La route, ombragée jusqu'au hameau de Fouilly,
devient ensuite brûlante et insupportable. Le thermomètre marque 28° à l'ombre. Les membres de
la caravane s'échelonnent suivant leur ardeur. Les

premiers arrivés s'arrêtent à la petite auberge des Bossons et attendent les retardataires.

Il est deux heures. Après un moment de repos, on nous sert une bière à la glace, délicieuse par cette chaleur tropicale, mais que nous absorbons avec modération et prudence. Puis commence régulièrement l'exploitation du naïf touriste. Nous avons déjà aperçu le glacier de la Gria et celui de Toconay. Le glacier des Bossons descend plus bas que les deux autres et paraît plus considérable. Il est là devant nous, à très peu de distance, miroitant au soleil. L'aubergiste nous déclare avec un geste peu rassurant qu'un guide est absolument nécessaire ; sans guide nous pouvons nous égarer et compromettre nos « *existences.* » Il s'offre à nous diriger, quoique cette course le gêne en ce moment, pour la somme de six francs. C'est le prix du tarif pour aller de Chamonix au glacier, et non de l'auberge au Pavillon, comme c'est ici le cas. M. Pierre fait remarquer cette différence ; il ne croit pas à la nécessité d'un guide ; mais comme il ne veut exposer la vie de personne, il accepte les services du personnage.

Aussitôt un grand diable, barbu, qui nous regarde avec des yeux de lynx depuis notre arrivée, s'offre aussi pour nous conduire. Mais l'aubergiste, que cette course gêne, prétend que c'est son droit et son devoir, puisque nous sommes ses hôtes et qu'il s'est présenté le premier. A ce moment survient une voiture amenant un monsieur et deux dames. Les deux guides se précipitent à leur rencontre et se mettent à leur disposition avec une rivalité jalouse. Les nouveaux visiteurs, déjà'pourvus d'un guide, n'ont besoin de personne. Un quatrième guide P., témoin depuis un instant du manége de l'aubergiste, lui adresse une vive remontrance. Les quolibets et les injures volent drus et rapides. Les dames s'arrêtent et nous mêmes assistons silencieux au conflit des deux montagnards. P.., tenant son piolet d'une main et faisant le poing de l'autre, s'avance menaçant comme un coq irrité.

« Comment? — s'écrie-t-il, — Un homme de rien veut ici faire la loi et accaparer tous les voyageurs !... Toi qui es-tu?... Un coquin à qui je ne confierais pas deux sous ? Et si tu continues de la sorte, je te flanque une *tripotée*.... Moi P....., je suis un guide honorable, un vrai guide, un guide enfin qui connais le Mont-Blanc, où je suis allé vingt-quatre fois... Mais toi, tu ne sais pas même te gouverner autour de ta bicoque ! »

Ils sont sur le point d'en venir aux coups ; l'adversaire frémit de rage. Pourtant il se contient et se tournant vers P..... avec la fierté d'un patricien :

— « Et toi, dit-il avec mépris, qu'as-tu pour vivre ? Rien, pas même de bretelles ! »

Sur cet argument topique et décisif, il prend son piolet, le met sur son épaule et nous partons sur ces traces. Mais P..... ne le quitte pas pour le surveiller et de temps en temps encore à la montée quelques gros mots éclatent, comme les derniers tonnerres d'un orage qui s'éloigne. Les promeneurs de la calèche marchent à notre suite. Au bout de trois quarts d'heure, nous voilà au Pavillon ? Où sont les obstacles, les dangers ? Pour faire cette ascension, il s'agit simplement de suivre le sentier de la montagne.

Plus de cinquante personnes sont réunies sur la plate-forme.

Le baromètre marque 1,320$^m$ d'altitude. Nous prenons des billets pour la Grotte de Glace. Le fermier du Châlet nous offre des chaussettes. Sans chaussettes, le passage du glacier est dangereux. Nous n'acceptons pas les chaussettes.

Un autre individu nous propose alors de fixer des clous à nos souliers. Sans clous on peut glisser, tomber dans une crevasse, se casser un bras,

Ils sont sur le point d'en venir aux coups....

une jambe, la tête peut-être. D'ailleurs ce n'est pas cher : vingt-cinq centimes par clou.

Il suffit de six clous par semelle et trois clous par talon, total dix-huit clous par personne. Nous sommes douze :

$$12 \times 18 \times 0{,}25 = 54 \text{ francs.}$$

A cause du nombre, on nous fera des diminutions. Nous refusons obstinément les clous, même avec les diminutions. Nos chaussures sont bonnes et ont été faites d'ailleurs pour le voyage. Et puis cette exploitation en règle du touriste est révoltante.

Le général donne le signal et nous partons, précédés du guide. La grotte est superbe. A l'extérieur la glace est d'une blancheur opaque. A l'intérieur elle présente une teinte bleue, presque transparente. Cette grotte taillée de main d'homme a quatre-vingts mètres de profondeur. Elle est éclairée avec des bougies. Le milieu est soutenu par un pilier de glace. Le froid y est saisissant. Nous nous hâtons de faire le tour et de sortir au grand air.

Le glacier descend du Mont-Blanc et des Grands-Mulets jusque dans la vallée. C'est une immense coulée de glace dont rien autre ne peut donner l'idée. Il est en croissance depuis deux années. Un corps pris au sommet met environ quarante ans pour arriver au bas du Pavillon, ce qui donne comme moyenne du mouvement cinquante. centimètres par vingt-quatre heures. La traversée n'offre aucune difficulté, même sans clous et sans chaussettes.

A peine touchons-nous la haute moraine, que P..... s'avance humblement vers le chef de la caravane et sollicite une étrenne pour une espèce de maure qui donnant çà et là quelques coups de hâche nous a précédés, sans y être engagé; car nous avons un guide. Les gens de ce pays en viendraient à vous écorcher pour vous rendre service. Des visiteurs avaient passé avant nous, d'autres vinrent après nous sur le glacier; à tous ce cerbère s'imposait sous prétexte de frayer le chemin là où le sentier était fait.

Chamonix s'étale devant nous aux rayons du soleil. Le guide insiste pour nous y conduire. Il craint que nous nous égarions et, d'ailleurs, il se contentera de quatre francs. M. Pierre le paye et le remercie. P... s'obstine à nous suivre pour nous raconter ses vingt-quatre ascensions au Mont-Blanc, et nous apprendre que le fermier du Pavillon des Bossons est son fils. A travers le bois, par le Nant des Pélerins et la cascade du Dard, nous arrivons à Chamonix (1,050 mètres) à la nuit tombante, sans éprouver aucune lassitude.

A l'hôtel de l'Union, nos chambres sont prêtes. Nous en prenons possession avec plaisir. Grâce à l'obligeante recommandation de M. Ch. Durier, on nous a réservé un corps de bâtiment, où nous sommes logés ensemble.

Le maître d'hôtel nous avertit que le dîner est à six heures. Mais, quand nous entrons dans la salle à manger, toutes les chaises sont prises. Plus de cent personnes sont à table. Nous nous dispersons de divers côtés; on se serre un peu pour nous faire place, et tous finissent enfin par s'asseoir. M. Pierre est entre une Anglaise et un Italien. La conversation languit un peu. Gabriel accapare toute la sollicitude d'une milady, qui paraît fort s'intéresser à ses moindres paroles. Henri est isolé entre deux quakers, qui ne perdent pas un coup de dent et ne disent mot. Mais Barthélemy, Sylvestre, Adolphe, Georges et François, sont d'une verve exubérante. Tous les dialectes : anglais, allemand, italien, sont par eux mis à contribution. Nous remarquons que la gaîté la plus vive règne autour d'eux, et que les plus graves se dérident à leur vue.

Dans la soirée, nous parcourons les boutiques et les bazars. M. Pierre va saluer M. Tairraz, propriétaire du Montanvers ; au Bureau des Guides, il retient deux mulets, l'un pour Henri, l'autre pour Sylvestre et François. Car l'ascension du Brévent est décidée pour le lendemain. De là, il se rend à la cure. M. le curé se promène dans son jardin, et lui apprend que la première messe est à cinq heures. En conséquence, le lever est fixé à quatre heures et demie, et le départ pour le Brévent, à six heures quinze minutes.

Comme la soirée est très agréable, nous restons encore un moment sur la place et dans les rues. Les groupes sont nombreux et composés de touristes de tous les pays. L'aspect des glaciers qui brillent dans le lointain, comme d'immenses nappes blanches, nous présente un spectacle nouveau. Cependant l'air est frais. Nous gagnons nos lits à dix heures. Dieu et Notre-Dame de Fourvières ont jusqu'ici préservé nos personnes de tout accident et favorisé notre voyage. Nos cœurs débordent de reconnaissance et nous nous endormons heureux, au pied du Mont-Blanc, dans ce village de Chamonix, auquel nous avons déjà pensé tant de fois, comme à une cité enchanteresse des Mille et Une Nuits.

# CINQUIÈME JOURNÉE

**Ascension du Brévent et de la Flégère.**

*Dimanche 20 août.* — De gros nuages courent sur les montagnes et couronnent les sommets. Le temps sera-t-il beau ? Aurons-nous une ascension favorable ? De nombreux touristes sont déjà sur la place et jettent sur le Mont-Blanc des regards anxieux. Quelques mulets agitent leurs sonnettes et baissent les oreilles d'un air mécontent.

Enveloppés de nos plaids, nous nous rendons à la jolie église de Chamonix. Après la messe, nous faisons honneur au petit déjeuner suisse qui nous est servi. A l'heure fixée, les mulets sont à la porte de l'hôtel. Nous interrogeons le guide sur les probabilités du temps. Il nous répond que le ciel se découvrira sans doute dans la journée et qu'il ne faut pas hésiter à partir avant la chaleur.

Le colonel enfourche sa monture. Sa tournure

singulière et ses calembourgs provoquent une hilarité générale. Il se dit à une altitude supérieure à la nôtre, puisqu'il est sur son mulet et prétend avoir besoin de couvertures pour se garantir contre les rigueurs du climat. Nous l'ensevelissons presque, lui et sa bête, sous nos plaids amoncelés.

En route, le guide avertit le général qu'il faut prendre quelqu'un pour ramener les deux mulets et que le salaire de ce nouveau conducteur n'est pas compris dans les trente francs convenus d'après le tarif. M. Pierre s'étonne qu'on ne l'ait pas prévenu plus tôt de cette nécessité. Où trouverons-nous ce conducteur ? Mais au même instant débouche sur notre sentier un vieillard grand et maigre, qui s'offre de lui-même à ramener nos montures et s'adjoint à la caravane.

Au hameau de la Molaz, Paul s'aperçoit qu'il n'a pas de mouchoir et retourne à Chamonix. On lui fait remarquer qu'il s'attardera de plus d'une heure ; mais lui de répondre :

— « Mes jambes sont solides, et je serai au sommet avant vous. » Il tient parole.

Nous lui promettons alors de pousser de temps en temps des cris d'appel, pour le guider et lui indiquer l'endroit où nous serons. Nous franchissons les Mossons et entrons dans un bois de sapins, où le sentier dessine des zigzags jusqu'au châlet de Planachat.

Nous rencontrons un troupeau de chèvres sous la garde d'un pâtre, dont le costume est charmant. C'est un gars solide et trapu, à l'œil brillant, à la voix sonore. Il est coiffé d'un large béret de cuir, porte un veston bleu, une culotte courte jaune et des guêtres grises. Une corne de bouc est pendue à sa ceinture; une gibecière à son épaule. Rien n'est curieux comme ce roi de montagne au milieu de ses sujets. Bouquetins et biquettes le connaissent et ne le perdent pas de vue. Il leur parle, les appelle, les gronde, les caresse, les poursuit à coups de pierre et jamais son autorité n'est impunément méconnue. La cornemuse du chevrier et les clochettes du troupeau jettent une note gaie au milieu de la tristesse et de la solitude de ces forêts.

Le sentier est ensuite découvert. On ne trouve plus qu'un rare gazon où paissent quelques vaches. L'Arve nous présente un curieux spectacle. Des nuages se forment le long du torrent, comme des vapeurs échappées d'une cuve d'eau bouillante. Ils s'allongent sur les flancs de la montagne en traînées blanches, courent, se poursuivent, nous enveloppent ou se tapissent dans les anfractuosités en tourbillons floconneux,

Deux mulets montés par une dame et son mari grimpent à notre suite. Nous appelons Paul avec ensemble d'un cri retentissant. Il nous répond, mais d'en-haut. Nous l'apercevons debout sur un rocher, à cent mètres au-dessus de nous. La dame, persuadée que nous nous adressons à elle, nous envoie des ohé ! ohé ! répétés. Georges se dévoue, l'attend, engage la conversation, et sait bientôt toute l'histoire de la jeune marseillaise, en voyage de noce. Elle prête sa jumelle à notre ami et en fait son compagnon assidu. Nous formons ainsi une caravane de dix-sept personnes et de quatre bêtes de somme.

Nous nous arrêtons au châlet de Belachat. Un verre de cognac, des œufs, une côtelette, suivant les goûts, raniment les forces. Le ciel ne s'éclaircit pas. Le sentier devient mauvais ; il faut avancer au milieu de pierres éboulées. En revanche, nous avons déjà vue sur le versant nord-est, dans la direction de Servoz et de Sallanches. Nous trouvons un peu de neige perdue dans les rochers. Le lac du Brévent nous apparait, d'après la comparaison de Ferdinand, comme une pièce de monnaie au fond d'un plat.

Barthélemy s'est montré vaillant jusque là. Cette fois, il est épuisé ; il s'arrête, il s'assied sur un

Elle prête sa jumelle à notre ami.

bloc de granit, il soupire, il maudit la hauteur du
pic et n'obtient que peu de commisération. M. Pierre
l'encourage du geste et de la voix. Un généreux
effort le relève et le porte au sommet. L'ascension
a duré cinq heures. Le baromètre marque 2,580
mètres. Evidemment il a le vertige ou présage
une tempête ; car le Brévent n'est qu'à 2,525
mètres.

La face du sommet qui regarde les Bossons est à
pic. On pourrait y faire un magnifique saut de
huit cents mètres, et rouler ensuite beaucoup plus
bas. Le brouillard nous enveloppe. Ce n'est que
par échappées que nous apercevons tantôt Sallanches et tantôt la vallée ou le Mont-Blanc. Dans
une de ces éclaircies, Chamonix nous apparaît avec
son gazon vert, ses bois, ses maisons blanches, ses
toits gris et son clocher pointu, comme une ville
transportée au sein des nuages. Par un ciel pur,
le panorama doit être superbe. Hélas ! il ne nous
est pas donné d'en jouir.

Le vent souffle ; il fait froid. Le thermomètre marque 5°. Heureusement que l'homme de pierre, debout sur la crête, contient dans ses entrailles une
cantine et son fourniment. François et Georges sa-
blent le champagne du Mont-Blanc. Les autres al-
lègent leurs gourdes. La marseillaise s'avise de
prendre le mal de montagne ; elle s'évanouit. Son

mari lui fait respirer des sels. Le guide lui tape dans les mains ; enfin elle recouvre ses sens et ses forces.

Plusieurs voix réclament le déjeuner. Mais où le trouver sur ce sommet inhospitalier ? Nous serrons nos ceintures, et nous nous élançons gaiement sur les pas du guide, à travers des blocs de pierres entassées. Un sentier nouveau nous mène au passage de la Cheminée. C'est un couloir à pic, taillé dans les rochers, pareil à une échelle tortueuse entre deux murailles. Une rampe de fer, fixée à la paroi par de solides crampons, nous aide à nous tenir. Nous nous espaçons à la file indienne, et présentons un coup d'œil ravissant. Le fond du passage est une mer de roches amoncelées.

Plus loin, une aiguille solitaire domine le sentier.

— « Quel est son nom ? » demande Louis.

— « Elle n'a pas de nom, » répond le guide.

La caravane s'arrête, se range en demi-cercle, fait à l'aiguille une ovation et lui décerne solennellement, en l'honneur du général, le nom de *Pierrette*. Ce nom glorieux est gravé sur le roc. Les casquettes se lèvent et tous, d'une commune voix, nous saluons Pierrette. Le guide promet de

Ce nom glorieux est gravé sur le roc. Les casquettes se lèvent et tous,
d'une commune voix, nous saluons Pierrette.

ne pas oublier ce nom, et de désigner ainsi désor-
mais l'aiguille aux touristes.

Il nous apprend qu'on trouve en cet endroit beaucoup de marmottes au printemps, et que lui-même en a pris plusieurs. Nous n'avons pas eu le plaisir de voir aucun de ces charmants animaux; mais puisque nous sommes sur les lieux où ils vivent, apprenez, lecteur bénévole, quelques particularités de leurs mœurs.

Nous vous les donnons d'après les indications de notre guide et les études spéciales des auteurs allemands Osenbrüggen et Tshudi.

La marmotte n'est pas rare entre le Brévent et la Flégère et sur les bords du glacier de l'Argentière. Libre, elle est bien différente par sa taille, sa gentillesse, sa vivacité, de la malheureuse bête que le petit savoyard porte dans une caisse et montre aux étrangers pour gagner son pain. Un tel animal est tombé jeune dans un piége; arraché à ses instincts naturels, il n'arrive pas dans sa prison à son entier développement. Son caractère se modifie; ses grâces se flétrissent; il jette des regards craintifs sur les curieux attroupés autour de lui et semble implorer leur compassion.

Il faut voir la marmotte sautiller à travers les rochers ou se rouler sur le menu gazon dans une zone où le soleil ne brûle pas, mais se borne à colorer de ses feux les névés étincelants, à percer de

ses flèches d'or les noirs sapins, à inonder de sa
lumière les pentes moussues et les granits roses.
Elle a de charmants tête-à-tête avec ses compa-
gnes sur les douceurs de la liberté, les félicités du
ménage, les splendeurs de la montagne et les probabilités de la température. Elle jouit du printemps
et de l'été et prépare en automne ses quartiers
d'hiver. Pour manger, elle s'assied sur ses jambes
de derrière ; de ses dents aiguës et couleur orange
elle coupe agilement l'herbe la plus menue ; elle
boit vite et beaucoup à la fois ; elle relève la tête
à chaque gorgée comme la poule, et accompagne
cette opération d'un léger sifflement.

Au point du jour les vieilles marmottes se montrent les premières hors du souterrain ; elles avancent d'abord le museau avec précaution, épient,
écoutent, se hasardent enfin lentement à sortir,
font quelques pas en montant, se campent sur leurs
jambes, boivent la rosée et broutent l'herbe fine
avec une incroyable rapidité. Les jeunes, qui
dorment plus longtemps, passent aussi la tête
hors du trou, se glissent sur le sol, paissent un moment, puis restent des heures entières au soleil à
jouer, à faire assaut de gentillesse et de coquetterie.

Sans cesse en alerte, elles observent la contrée

avec la plus grande attention. La première d'entre
elles qui remarque un objet suspect, oiseau de proie,
renard ou homme, siffle par le nez sur un ton
grave et fort; les autres renouvellent l'avertis-
sement et en un clin d'œil toutes ont disparu. Elles
ont la vue perçante, l'oreille fine et l'odorat très
subtil. Rarement un chasseur réussit à les sur-
prendre. Quand elles sont blessées, elles rampent
vers leur gîte pour y mourir.

Elles s'accordent le luxe d'avoir une habitation
d'été et un palais d'hiver. La première est dans la
montagne et ne sert guère que pour un couple ou
un petit nombre d'habitants. Les résidences d'hiver
sont plus spacieuses et réunissent un certain
nombre de familles.

Elles choisissent une cavité naturelle; elles
creusent le sol, brisent les obstacles, emportent la
terre et maçonnent les parois. Elles tapissent du
foin le plus délicat le fond de cette retraite. Dès le
mois d'août elles coupent et sèchent l'herbe destinée à cet usage et la portent entre leurs dents au
fond de leur demeure. Quelques naturalistes pré-
tendent qu'elles imitent les rats de La Fontaine.
Une des marmottes se couche sur le dos et lève ses
quatre pieds; une autre entasse le foin sur son
ventre; quand la charge est complète, la seconde

marmotte prend dans sa bouche la queue de sa compagne et la tire comme un traîneau jusqu'à l'ouverture du trou; là, toutes les deux se mettent à l'ouvrage pour introduire la récolte dans la cavité.

A l'approche de l'hiver la petite caverne est soigneusement murée à l'intérieur et toute la société s'étend sur la moelleuse couche pour y dormir. La tête appuyée sur la queue, ces animaux tombent dans un assoupissement léthargique, restent immobiles pendant sept mois au moins et se réveillent quand un nouveau printemps rajeunit la nature alpestre.

Encore quelques centaines de mètres et la végétation reparaît sous la forme d'un léger gazon, où broutent des chèvres, des porcs, des moutons et des vaches, qui lèvent la tête pour nous voir passer.

Ferdinand fait la connaissance d'une chevrette à la mine éveillée. Après quelques familiarités de bon aloi, il s'avise de la traire, pour tromper sans doute la trop longue attente du déjeuner. Impatientée elle se démène et traîne sur les cailloux son audacieux agresseur. François et Louis accourent à son secours ; tous finissent par déclarer que la biquette n'est pas encore à l'âge de son premier lait. Trois chèvres, mères vénérables, désabusées des illusions de la vie, regardent cette scène d'un œil de pitié. Un agneau frappe le sol du pied avec indignation; un vieux bouc secoue ses cornes et rit dans sa barbe de satyre. Enfin Sylvestre cite Virgile et s'imagine assister à une charmante idylle.

.L'arête de la montagne s'arrondit en dos de mulet. Après une pente raide, nous aboutissons à une plate-forme assez large. C'est Plan-Praz. Des génisses s'avancent comme pour recevoir des caresses. L'hôtelier, qui nous a aperçus de loin,

Son large visage s'épanouit, quand nous lui parlons de notre appétit

est sur le qui-vive. Il nous souhaite la bienvenue et son large visage s'épanouit, quand nous lui parlons de notre appétit et lui demandons treize déjeuners pour nous et notre guide.

Le châlet contient une magnifique collection de cristaux. Nous faisons quelques achats.

Un monsieur, long comme une perche et raide comme une barre, arrive en compagnie de deux demoiselles, vêtues de flanelle blanche et silencieuses comme des poissons. La salle est petite. Le gentleman, malgré sa morgue, est obligé de s'asseoir et de prendre son repas à nos côtés.

Le guide et l'hôtelier se sont entendus. Peu soucieux de notre bien-être, mais attentifs à augmenter leur salaire, ils nous engagent à descendre par la Flégère. Ce détour allonge la course de deux heures et demie, mais donne en compensation une magnifique vue sur la Mer de Glace. Cependant le temps menace et quelques gouttes de pluie tombent déjà. Interrogé sur les probabilités de l'atmosphère, le guide, qui ne veut point s'attirer plus tard des reproches, ne se prononce pas clairement.

— « Ça ne sera peut-être rien. » dit-il ; mais l'hôtelier insiste :

— « Vous verrez que le ciel se découvrira. Vous seriez certes fâchés de ne pas avoir passé par la Flégère. »

Cependant Sylvestre, Georges, Henri, François et Barthélemy déclarent qu'ils ont vu assez de nuages et heurté assez de pierres ! Le plus court chemin pour Chamonix, voilà ce qu'ils désirent. La faiblesse est contagieuse ; leur exemple entraîne les autres, même Camille. Ferdinand et Paul restent seuls avec M. Pierre pour suivre le guide à la Flégère.

En route ! Eux de précipiter leur course sur Chamonix et de se féliciter déjà des longues heures libres de la soirée ; nous, de nous acheminer sous la pluie vers la Flégère. Le brouillard survient ; les vaches descendent des pâturages et se font prier pour nous céder le sentier.

— « C'est signe que la pluie durera ? » demande le général ; mais le guide tient à gagner son nouveau salaire ; il se borne à dire :

— « On ne peut rien assurer. »

Nous rencontrons une caravane de vingt jeunes gens, trempés et faisant piteuse figure. Ils montent à Plan-Praz, d'où nous descendons. Bon voyage !

Nos plaids ruissellent ; le pied glisse sur le sol détrempé et mouvant ; la marche devient pénible.

— « Sommes-nous loin de la Flégère ? »

— « Encore une heure ! »

Paul fait alors ce raisonnement: plus nous avançons, plus nous nous éloignons de Chamonix. Avec un temps pareil, le meilleur est de s'en rapprocher. Là-dessus, en dépit des conseils du guide et des remontrances de M. Pierre, il s'engage dans un couloir, rempli de roches éboulées du sommet de la montagne. Les cailloux, puis les grosses pierres se détachent sous ses pas et, s'ébranlant les unes contre les autres, forment devant l'imprudent touriste une avalanche qui roule et bondit jusque dans la vallée.

Le guide alors nous raconte la fin tragique de son beau-père.

« Mon beau-père guidait un étranger au Mont-Buet, il y a quinze ans. A la descente, il traversait un couloir; il entend tout à coup un léger bruit venant d'en haut. Il crie au voyageur de s'abriter derrière une saillie de la montagne, et lui-même se tapit prestement contre un roc. L'avalanche de pierres passe autour d'eux comme un tourbillon de grêle. Les derniers cailloux en mouvement sont déjà là-bas, au fond du précipice. On n'entend plus rien. Le guide sort la tête de son abri et regarde en arrière, vers le haut du couloir. Au même instant, une roche attardée arrive bondissante, frappe le malheureux à la tête, et lui enfonce le crâne. »

Enfin, voici la Flégère (1,816 m.). Le Pavillon de la Croix est là ! Le brouillard nous empêche de le voir ; et, sans plus de délai, nous prenons le sentier qui décrit des zigzags dans un bois de sapins. Cette descente est pénible. Le terrain est glissant. Il faut à chaque pas s'aider du bâton. En traversant le couloir où Paul a dégringolé, nous constatons avec joie qu'il n'est pas resté parmi les roches. Nous l'apercevons au bas de la montagne, en avance sur nous de trois quarts d'heure.

Epuisés par cette course inutile et abominable, nous rentrons à Chamonix fourbus, couverts de boue et trempés jusqu'à la moelle. Les touristes et les guides, assemblés sur la place et dans les rues, nous regardent passer avec ce sentiment de satisfaction et de pitié égoïste qu'on éprouve d'être à l'abri d'un désagrément que d'autres ont subi. Les vers du poëte nous reviennent à la mémoire :

« Suave, mari magno, turbantibus æquora ventis,
« E terra magnum alterius spectare laborem ! »

(Lucrèce. L. II.)

« Il est doux, quand sur la vaste mer la tempête soulève les ondes, de contempler du rivage l'effort désespéré du malheureux en péril. »

Nos condisciples n'ont pas échappé à l'averse. Mais ils sont rentrés au gîte deux heures plus tôt. Nous les trouvons, sous les accoutrements les plus

Nous les trouvons en train de causer et de rire autour d'un punch flamboyant...

bizarres et les plus variés, en train de sauter, de causer et de rire autour d'un punch flamboyant.

Les salles basses ont été transformées en sécheries. Les plaids, les guêtres et les vêtements sont étendus devant un large foyer. Les ascensionnistes de la Flégère sont entourés d'attentions et de soins. On leur donne à boire ; ils sont chauffés, habillés, frottés par tant de mains qu'ils ont vite oublié toutes leurs fatigues.

La poste nous fait parvenir nos lettres. Le reste de la journée s'écoule en causeries, jeux et correspondances. Ferdinand, chargé du compte-rendu, résume ainsi sur le carnet ses impressions :

« Nous sommes montés pour voir le Mont-Blanc, et nous n'avons vu que le brouillard. Nous regrettons notre appareil photographique. Une photographie du brouillard ! ce serait superbe. »

Un groupe se forme sournoisement vers la chambre de Georges, d'où partent des éclats de rire contenus. On entend frapper trois petits coups secs, et plusieurs voix de s'écrier :

« Entrez, mademoiselle, entrez, ne craignez rien ! » et une gentille voix fluette et vive de s'excuser. Le général, intrigué, sort de sa chambre et aperçoit une forme féminine qui se cache sous une ombrelle blanche. Il s'approche. Un formidable éclat de rire retentit dans le corridor; la jeune fille, c'est... Henri, affublé de son plaid en guise de jupe !

A table d'hôte, on nous a réservé des places sous l'étiquette : « A la réunion des amis ! » Le dîner est assaisonné de joyeux devis. Gabriel regrette pourtant la conversation charmante de la milady d'hier. Adolphe a l'imagination tellement férue des phénomènes de la montagne, qu'il ne parle plus que de glaciers et de moraines, qui se forment, se déforment et s'allongent.

En somme, la journée a été fatigante, pleine de déceptions, mais aussi de franche gaîté. Tous les membres de la caravane sont dispos et contents. Inutile d'ajouter que la nuit amène un sommeil profond.

# SIXIÈME JOURNÉE

## De Chamonix à l'Argentière par le Montanvert

*Lundi 21 août* — Il est sept heures. Le soleil allume des flambées d'or rougi sur les cimes couvertes de neiges éternelles. Barthélemy ouvre les yeux et constate qu'il serait prêt à refaire l'ascension du Brévent, tant il a bien dormi et réparé ses forces ! Henri souffre du pied. La marche pour lui serait imprudente. A notre grand regret il sera directement transporté à l'Argentière avec nos bagages. Georges désire l'accompagner et la maîtresse d'hôtel se charge de fournir la voiture.

On arrange les sacs. On déjeune ; M. Pierre règle les comptes et échange de mutuelles félicitations avec nos hôtes, qui nous ont traités fort civilement et auxquels nous offrons ici le témoignage de notre reconnaissance. Nous leur disons : Au revoir !

Arrivée au bout de la plaine, la caravane salue
une dernière fois le riant village de Chamonix, où
elle a trouvé une si cordiale hospitalité et commence à gravir les pentes du Montanvert. C'est

... Et commence à gravir les pentes du Montanvert.

moins difficile que l'ascension du Brévent. Ironie
du sort ! maintenant que nous tournons le dos à ce
sommet, hier nébuleux, il reluit au soleil et dessine
nettement sa crête sur le ciel d'un bleu de turquoise.

Le chemin est ombragé. Des touristes à pied et à
mulet montent et descendent. Une petite dame,
grosse et pas longue, voit que plusieurs personnes,
au lieu de suivre les lacets de la route, coupent droit.
Elle aussi veut abréger, et la voilà la tête en avant,

les mains accrochées aux broussailles et aux angles
des roches, s'époumonant et s'esseyant à grimper
à notre suite. Son guide tantôt la tire et tantôt la
pousse ; mais fidèle à son devoir, au milieu de nos
sourires, il ne perd rien de sa gravité. Nous la re-
trouverons encore à la Mer de Glace la grosse petite
dame. Car elle l'a dit : elle veut tout, tout voir !

Nous atteignons l'hôtel du Montanvert (1,921 m.)
à onze heures et demie. La Mer de Glace est à nos
pieds. Un coup de canon retentit et pendant quarante secondes les sommets altiers s'en renvoient
d'échos en échos le son formidable et majestueux.
Une ligne de points noirs s'agitent là-bas sur la
glace. Ce sont des touristes. Qu'ils sont petits ! A
chaque instant, dans les montagnes, on perd la no-
tion de la distance vraie. Le glacier est à vingt minutes au-dessous de nous ; il semble qu'on va le toucher. Il descend comme une immense coulée de cristal, en décrivant une courbe gracieuse entre deux
rangées de montagnes, surmontées d'aiguilles
abruptes. En face se dressent l'imposante aiguille du
Dru et l'aiguille Verte aux fines dentelures (4,127 m.) ;
au fond, les Grandes Jorasses (4,206 m.) ; le Mont
Mallet et l'aiguille du Géant (4,010 m.) ; en arrière,
sur la droite l'aiguille de Charmoz (3,442 m.) et celle
de Blaitière (3,533 m.). A gauche, le glacier se pro-

longe en une seule et énorme masse longue de quatre lieues et large d'une demi-lieue.

De jolis pigeons, aux ailes peintes de toutes les couleurs de l'arc-en-ciel, viennent becqueter sous nos yeux, sans s'inquiéter nullement des visiteurs. Une troupe de mulets alignés agitent leurs grelots et leurs grandes oreilles. Les étrangers sont nombreux ; nous remarquons des anglais, des italiens, une famille russe et beaucoup d'américains.

Le représentant de M. Tairraz nous traite avec civilité et nous sert un succulent déjeuner. Mais nous recevons dans le dos des coups de bise froide qui nous font tressaillir. La porte est sans cesse entr'ouverte par des ladies sans gêne, malgré nos invitations réitérées :

« Shut the door, if you please ! »

Aussi Gabriel, chargé de relever les incidents du jour, ne manque pas de consigner sur le carnet ce détail déplaisant à l'adresse des filles blondes et rousses de la fière Albion.

L'expérience du glacier des Bossons nous fait rejeter les services des guides. Seuls, pleins de confiance, nous descendons sur l'immense nappe cristalline. Nous allons à l'aventure. Un cantonnier s'offre à nous conduire. A quoi bon ? Il est si agréable de gambader sur le froid élément! Les touristes du Montanvert nous suivent du regard, pendant qu'une sorte de pipeau rustique livre aux échos les sons les plus mélodieux.

Voici la moraine : des blocs erratiques, des cailloux polis, des débris de roche, des fragments de cristal se mêlent aux quartiers de glace brisée, rompue. Quoi de plus imposant que ce vaste chantier des forces de la nature! Là se forme un terrain nouveau. Toutes ces épaves que le glacier entraîne viennent échouer sur les bords, s'entasser peu à peu et créer pour ainsi dire une colline qui en suivra tous les mouvements et restera, quand celui-ci aura disparu, comme un témoin irrécusable de son existence passée.

Armé du marteau, Gabriel casse les roches et charge son sac de fragments de quartz, de malachite, de serpentine et de porphyre. Il voudrait tout emporter. Nous l'imitons et nos poches s'enflent démesurément pour recevoir des parcelles de cailloux, que nous serons bientôt obligés de rejeter à cause de leur poids.

Pendant que nous admirons les blocs qui se soulèvent, se culbutent, les crevasses qui s'ouvrent béantes, nous sortons du sentier. Des gouffres pleins d'eau sont à peine dissimulés par une légère couche de neige. Des trous énormes se révèlent au milieu des quartiers de glace amoncelés, qui forment une espèce de barrière. Un sentiment d'inquiétude nous envahit.

— « Il faut suivre la pente, » dit quelqu'un.

Une large crevasse de deux mètres nous barre le passage.

Sur le conseil du général nous nous cantonnons en un point sûr; le colonel et Ferdinand explorent les lieux. Enfin perché sur un bloc, Sylvestre nous crie qu'il aperçoit le chemin. Mais comment le rejoindre? M. Pierre, appuyé sur son bâton, solidement planté dans la glace, s'établit près d'un trou, pour nous empêcher d'y rouler. On se laisse glisser sur les talons, sur le dos et, après un peu de peine, quelques éraflures et beaucoup d'émoi, on arrive enfin, à travers les éboulis, au sentier avec un sentiment véritable de jouissance. Nous ne conseillons à personne de se risquer à l'aventure sur la Mer de Glace.

La descente par le Chapeau est accidentée et pittoresque. Le sentier suit le bord de la moraine. A gauche, le glacier ; à droite, la paroi escarpée de roche calcaire qui monte jusqu'aux aiguilles du Bochard. Des cascades écumantes la sillonnent comme des galons d'argent. On marche entre un torrent d'eau jaillissante et un torrent de glace. Au Mauvais Pas, il faut s'échelonner et suivre les degrés taillés dans le roc, en se tenant à une rampe de fer, si l'on ne veut pas rouler à plusieurs centaines de mètres.

. Ce passage nous brise les jarrets. Il nous rappelle un fait honorable de la probité des *Chamoniards*. Une dame lyonnaise perdit récemment une broche de prix au Mauvais Pas. Elle fit sa déclaration à l'auberge du Chapeau et reçut quelques temps après son bijou qui lui fut envoyé à domicile.

Un chemin difficile descend par la moraine à la source de l'Arveyron ; elle ne mérite pas une visite. Là un touriste nous narre le fait suivant : « Il y a seize ans, je visitais cette source pour la première fois. Le glacier des Bois s'avançait alors beaucoup plus loin et formait une grotte de cristal d'un effet grandiose. Une jeune anglaise, belle, gracieuse, que ses parents faisaient voyager pour la distraire du deuil de sa sœur, attirait les regards par sa vivacité et l'enjouement de ses manières. Elle se trouvait là s'extasiant devant ces magnificences de la nature. Tout à coup, une pierre énorme se détache de la voûte et la frappe à la tête. La jeune fille tombe ; son père, fou de douleur, cherche à la relever. Tous les efforts sont inutiles. Transportée à Chamonix, elle expire le soir même. »

Parvenus à l'extrémité du glacier, nous obliquons à droite dans un bois de sapins. Là, nous assistons à un spectacle splendide. Le soleil disparaît derrière le Brévent ; ses rayons obliques s'envolent comme des flèches d'or dans le ciel bleu. Le Mont-Blanc, noyé dans un nimbe de lumière rosée, laisse tomber entre la sombre verdure des forêts les franges d'argent de son vaste manteau de neige. A travers le gazon des prairies, l'Arve déroule dans la plaine les sinuosités de son cours et étincelle au loin comme une rivière de diamants.

Jamais décor d'opéra n'a rien présenté de plus grandiose et de plus féerique.

Les ombres descendent des grands monts. Nous pressons le pas. Pour abréger nous nous lançons à la course dans un marais et tombons dans une espèce de tourbière, d'où nous ne sortons pas sans peine. La rapidité de notre allure fait jaillir l'eau jusque sur nos têtes. La boue achève ainsi de souil-

ler dans nos costumes ce que la pluie de la veille
n'a pas trop fané.

La rapidité de notre allure fait jaillir l'eau jusque sur nos têtes...

Après cinq heures de marche nous arrivons à la
nuit à l'Argentière. On nous apprend que Georges
et Henri sont montés au glacier de ce nom, à dos
de mulet, sous la conduite de notre guide du Brévent. Le montagnard s'était informé à Chamonix
de nos projets et avait devancé nos amis à l'Argentière pour leur offrir ses services.

Tous les trois ne tardent pas d'arriver avec leur
monture ; ils nous font du glacier une description
merveilleuse, propre à nous donner mille regrets
et à nous faire croire que la Mer de Glace n'est

qu'une bagatelle près des sublimes horreurs qu'ils
ont contemplées.

En attendant le dîner, Paul et M. Pierre vont
prendre à la rivière un bain de pieds. Nous louons
une voiture pour mener le lendemain à Martigny
Henri, Georges et Sylvestre, dont les jarrets demandent grâce. Il est convenu qu'ils prendront
ensuite le train de dix heures et nous rejoindrons
à l'hôtel des Gorges du Trient. Le conducteur déclare que pour arriver à Martigny avant dix heures,
il est nécessaire de partir au plus tard à quatre
heures du matin. Cette nouvelle jette un peu d'émoi
dans la caravane. Sylvestre surtout se lamente.
Mais les cœurs sont vaillants ! Qu'importe la fatigue ? Cependant nous sommes moins sensibles au
charme de la soirée et gagnons nos couchettes
avec un empressement unanime. Seul Camille grille
auparavant son petit vevey.

# SEPTIÈME JOURNÉE

---

**De l'Argentière** (1.291 m.) **à Martigny par Salvan
et Vernayaz.**

*Mardi 22 août.* — A deux heures du matin, un
grand mouvement se produit au premier et au
deuxième étage; on entend des soupirs, des plaintes, des cris joyeux, des appels retentissants.

Dans une chambre entr'ouverte un vigoureux
dormeur garde la ligne horizontale. Le général
s'en aperçoit et va le secouer de la belle façon. Le
dormeur obstiné pousse un grognement sourd,
ouvre les yeux, étend les bras et redresse vivement la tête comme pour résister à une attaque.
M. Pierre remarque alors un menton garni d'une
barbe épaisse, inconnue dans sa troupe. Il s'est
trompé de chambre et a pris le maître d'hôtel pour
un membre de la caravane. Honteux de son ex-
ploit, il se hâte de disparaître, laissant sa victime

encore à moitié endormie réfléchir aux inconvénients d'une porte mal fermée.

Quand chacun s'est lesté l'estomac par le petit déjeuner suisse, devenu traditionnel et composé de beurre, miel et café, ou pour varier, de café, miel et beurre, et que le colonel a pris un réconfort spécial pour sa délicate personne, nous nous hasardons sur la route à la lueur des lanternes. Il est trois heures et demie. Les étoiles brillent; elles disparaissent bientôt derrière un rideau de brouillards qui montent de la vallée.

Nous suivons la voiture, afin de ne point choir dans un fossé ou un précipice. L'obscurité est telle qu'on distingue à peine le chemin. Une pluie fine commence à tomber. Barthélemy, mécontent de n'avoir pas assez dormi, bougonne et maugrée contre le temps, la nuit et le mauvais état de la route. Cela n'avance à rien. La pluie devient abondante et nous inonde. Enveloppés de nos plaids, la tête encapuchonnée, nous marchons dans les ténèbres comme des fantômes et « faisons de notre gaîté, dit le journal d'Adolphe, un contraste avec la tristesse de la nature, »

Aux premières lueurs de l'aube un petit garçon, près d'un hameau, s'arrête à notre vue, dominé par un sentiment de terreur superstitieuse. Notre bizarre accoutrement lui fait supposer que nous sommes des spectres ou des brigands ; il cherche à se dérober à nos yeux derrière un pan de muraille. Rassuré ensuite par nos paroles, il se rapproche timidement et finit par nous souhaiter le bonjour.

Paul, muni de son marteau, et Camille, de son Bœdæker, allongent le pas et devancent le gros de la caravane de plusieurs kilomètres. Le vent nous jette la pluie au visage et dans les jambes. Alors Ferdinand et Gabriel éclatent en plaintes amères contre leurs plaids qu'ils accusent à tort de n'être plus imperméables. La Joquère s'applaudit au contraire de son caoutchouc d'abord tant critiqué et sur lequel l'averse glisse comme sur du marbre.

La cascade de Bérard, celle de Barberine, qu'un paysan nous désigne comme « la reine des reines » perdent leur charme avec un pareil temps. Les splendeurs du paysage passent inaperçues. Perdus au fond d'une vallée sauvage, que surplombent de hautes montagnes couvertes de sapins, de mélèzes et d'aroles, nous traversons l'Eau-Noire, puis le village de Valorcine et atteignons la frontière entre la France et la Suisse. Au Châtelard la route de Martigny se sépare de celle de Vernayaz. Le chemin décrit ensuite une série de circuits et monte péniblement jusqu'à Finhaut (1,237 m.). Le site est charmant d'après Bœdæker; mais la pluie nous le rend détestable.

Une jeune fille nous invite gracieusement à nous arrêter à l'auberge du Bel-Oiseau. La Joquère fascinée est d'avis d'accepter l'invitation. Pour notre malheur nous préférons aller au restaurant du Mont-Blanc, situé à cinq minutes plus loin.

Nous demandons du vin chaud. A la rudesse des manières et aux formes du langage, nous nous apercevons que nous ne sommes plus en France. L'hôtesse, en contemplation béate devant nos personnes, nous prend pour des ascensionnistes du Mont-Blanc et s'étonne naïvement que nous ayons le teint si frais et l'air si jeune!

Son vin chaud absorbé de confiance, nous reprenons nos alpenstocks.

Le ciel s'est éclairci et l'atmosphère devient tiède. A peine sur la route, nous éprouvons un malaise étrange et le général restitue à la nature la drogue fuchsinée; Ferdinand ne tarde pas à se débarrasser aussi de cet ingrédient incommode. Mais le mal est

fait et nos estomacs détraqués resteront longtemps
avant de se remettre de ce mouvement trop spon-
tané.

Nons jetons un regard sur les gorges de Triège ;
elles méritent l'attention ; rien n'est plus saisissant et plus sauvage que ces cascades encadrées de
rochers et de sombres sapins.

Une courte montée, suivie d'une descente entre
des rochers curieux, polis par les glaciers, nous
mène à Salvan (925 m.). De là une route large mais
fatigante trace entre des noyers et des châtaigniers
d'innombrables zigzags sur une pente très escarpée jusqu'à Vernayaz (468 m.).

La vallée du Rhône, resserrée entre deux chaînes
de montagnes, s'étale devant nous à cinq cents
mètres de profondeur. Sillonnée par le fleuve et
la ligne du chemin de fer, parsemée de jolis villages noyés dans la verdure, elle ressemble à un
immense et riant jardin que la nature a pourvu
d'une clôture gigantesque.

Le souvenir de Saint-Maurice, chef de la légion
Thébaine, qui souffrit le martyre, sous le règne de
Maximin, l'an 302 après J.-C., nous revient à
l'esprit. Nous cherchons des yeux la ville qui porte

son nom. Mais une saillie de la colline la dérobe à nos regards.

Nous trouvons dans la plaine une température bien différente de celle de Barberine et Finhaut. Le soleil y verse des rayons d'une chaleur tropicale. Nous arrivons à onze heures et demie à l'hôtel des gorges du Trient.

Georges, Sylvestre et Henri nous y attendent depuis une heure. Le déjeuner est bon ; mais l'excès de la fatigue nous empêche d'apprécier à sa juste valeur le mérite culinaire du Vatel valaisien.

Avant de se jeter dans le Rhône, le ruisseau du Trient, qui descend de la Tête-Noire, forme sur une longueur de trois lieues plusieurs gorges sombres et étroites. Une galerie de bois, fixée au rocher permet d'avancer, à un quart d'heure de distance, jusqu'au point où le courant se précipite avec fracas d'une hauteur de dix mètres. Le lit du torrent est à une profondeur de cent trente mètres. Les parois sont nues et rudes. Elles se rapprochent tellement à certains coudes que l'on se croirait enfermé dans une grotte. Nous trouvons sur la galerie, le président de la section du Club Alpin de l'Ardèche, qui paraît nous accorder un vif intérêt.

En vingt minutes nous allons au Pissevache.
Cette superbe chûte de soixante-dix mètres, formée
par la Sallanche, se voit très bien de la route.
Admirez le talent industrieux des habitants. Comme on pourrait contempler gratis la beauté du
spectacle fourni par la main du Créateur, ils ont
élevé une immense palissade et, si vous voulez
approcher de la cascade, vous payerez un franc.
Dieu n'a fait qu'un Pissevache et c'est uniquement
pour les gens du Valais.

Ailleurs il y a une galerie à entretenir pour faci-
liter l'accès ou la vue d'une merveille de la nature ;
mais ici la galerie est inutile. Quelques planches
suffisent à protéger le touriste qui passe sous la
chûte contre le rejaillissement de l'eau. La colonne
liquide, empanachée des couleurs de l'arc-en-ciel,
tombe avec fracas, se divise, se pulvérise et se ré-
pand en rosée nuageuse. Nous grimpons jusqu'au
milieu du rocher d'où s'élance le torrent, passons
sous cette arcade liquide et mugissante et descendons de l'autre côté à travers un jet étincelant et
continu de vapeur.

Nous nous rendons à la station pour prendre le
train de trois heures et demie. Louis, dont la vigueur a été mise en doute par un plaisant, trouve
à ce moment l'occasion de le confondre et de se

signaler. Malgré la longueur de l'étape déjà four-
nie, il se déclare dispos et tient à faire le reste
du trajet sur une route poudreuse et ensoleillée.

Il s'achemine seul pédestrement, pendant que le train nous emporte à Martigny.

Demain, il est vrai, il lui faudra une voiture, quand
les autres iront à pied. Mais il aura ce soir la
douce satisfaction d'avoir mesuré jusqu'au bout
l'étendue de ses forces et d'avoir agi à sa guise.
L'indépendance ne vaut-elle pas un peu de fatigue ?
Il s'achemine seul pédestrement, pendant que le
train nous emporte à Martigny.

A la gare, nous rencontrons la caravane de
l'école Colbert. Ces messieurs vont à l'hôtel de la
Couronne ; nos chambres sont retenues à celui du
Mont-Blanc.

La ville a de quinze à seize mille habitants. Elle
est située entre trois chaînes de montagnes, au confluent du Rhône et de la Dranse. On y voit de
belles allées d'arbres. L'église est convenable. Un
buste en bronze de la Liberté, par Courbet, orne

la place du Marché. Sur un escarpement se dressent

Sur un escarpement se dressent encore les ruines du château de La Batiaz.

encore les ruines du château de La Batiaz, construit en 1260 par Pierre de Savoie, ensuite propriété des évêques de Sion et détruit en 1518.

L'état de la caravane n'est pas trop mauvais en apparence ; pourtant la pluie a épuisé les forces et les estomacs s'en ressentent. L'appétit n'existe plus. Il nous tarde presque de revoir le toit paternel. Sylvestre traduit le sentiment général par le vers du poëte :

« A tous les cœurs bien nés que la patrie est chère ! »

La fatigue éteint rudement l'enthousiasme. Cependant la pensée de monter au Saint-Bernard ranime même les plus abattus.

« *Ignotum pro magnifico est.* » dit Tacite — « L'inconnu a le charme du merveilleux ; » et pour nous le Saint-Bernard est encore une région qui en a tous les attraits !

Mais dans les conditions hygiéniques de la caravane, une telle ascension à pied serait une imprudence. Pendant que les touristes se reposent ou font provision de cigares et d'allumettes bougies, M. Pierre se rend au bureau des guides et retient pour le lendemain à huit heures trois voitures, qui nous mèneront à Bourg-Saint-Pierre et dont une ira jusqu'à la cantine de Proz,

Le maître d'hôtel est d'une politesse exquise ; ses prévenances servent de compensation à la mine peu avenante de sa digne moitié. Les étrangers sont nombreux. Le service est régulier. Après le dîner, nous jouissons dans la cour de l'hôtel d'une sérénade donnée par des chanteurs italiens.

Un Irlandais nous observe avec une attention persévérante et muette. Enfin il s'approche et nous

Moi aime les Anglais, comme vous les Prussiens

demande en mauvais français à se joindre à notre troupe, pour monter au monastère. Il ajoute pour appuyer sa démarche :

— « Moi aime les Anglais, comme vous les Prussiens ! ».

Le lendemain, comme nous tardons à partir, il se met en route avant nous et nous le retrouvons seulement le soir parmi les convives des religieux.

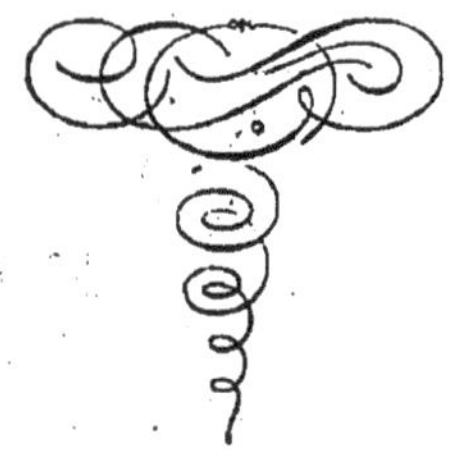

# HUITIÈME JOURNÉE



### De Martigny au Grand-Saint-Bernard.

*Mercredi, 23 août.* — Le lever a lieu à six heures. La journée s'annonce belle. L'air est frais; le ciel sans nuages. Pendant la toilette de ses compagnons, M. Pierre visite l'église, erre dans la ville, et rencontre une seconde fois la caravane de l'école Colbert, en partance pour la Tête-Noire et l'Argentière.

Après l'invariable déjeuner suisse, qui commence à déplaire à nos estomacs, et qu'on nous a servi sur une table inondée de soleil, nous réclamons la note. Les politesses du maître de céans ne sont pas gratuites; nous en tenons la preuve. La carte à payer est double de celle de l'Union à Chamonix. Le Mont-Blanc de Martigny est la seule maison où nous ayons vu des gens habiles à plumer autre chose que des poulets et des pigeons. Nous le marquons pour l'avenir d'une croix noire. Les propriétaires sont sans doute pris de remords. Il nous revient que, même après notre départ, ils n'ont cessé de s'exprimer à notre égard sur le ton d'une extrême considération ; nos amour-propres s'en dilatent, mais notre bourse n'en reste pas moins aplatie.

Les voitures arrivent à huit heures précises. Nos chaussures n'ont pas encore de poussière; et voilà pourquoi nous ne pouvons la secouer sur le seuil de l'hôtel que nous quittons avec plaisir.

Les mulets marchent bien; le paysage est pittoresque, et la douce chaleur d'une matinée splendide ranime la gaîté.

La route suit la Dranse dans une étroite vallée jusqu'à Sembrancher, où se réunissent les deux ruisseaux du val de Bagne et du val d'Entremont, qui forment cette rivière. Nous remarquons les ruines d'un couvent près de Bovernier. Dans les villages même de trois à quatre maisons, les voitures vont au pas par ordre de la municipalité.

A Sembrancher nous perdons le meilleur de nos trois cochers. Son tour est venu d'être de service sur la route de Chamonix, où la course est avantageuse. On l'en prévient par dépêche. A quoi bon monter à Bourg-Saint-Pierre? Il se fait remplacer

par un conducteur du pays, auquel il donne une
partie seulement du prix convenu avec nous, et
ramène à Martigny son attelage. Mais le cheval
qu'il nous procure ne vaut pas les deux mulets ;
il nous traîne difficilement.

Pendant que nous montons, le ciel est d'une netteté parfaite. Seul, un nuage, gros comme une len-
tille, se détache immobile sur l'azur, dans la direction du Saint-Bernard.

— « N'est-ce pas le signe d'un orage ? »

— « Non, » — dit un des muletiers.

Et pourtant ce point blanc devait le soir dé-
chaîner sur nos têtes une tempête formidable.

Nous atteignons Orsières (882 m.) à dix heures.
Les mulets mangent l'avoine ; les touristes se ra-
fraîchissent et le colonel se restaure. Ferdinand
découvre dans la vieille église du xi⁰ ou xii⁰ siècle,
un christ en bois sculpté, barbouillé de couleur,
mais d'une expression saisissante de suprême douleur.

Orsières est un gros village, aux rues étroites et
mal pavées. Les maisons sont basses, tristes, et
d'une propreté douteuse.

A onze heures, les conducteurs attellent de nouveau leurs bêtes abreuvées. Le soleil darde sur nous des rayons de feu. La chaleur est accablante. Nos extrémités nasales, menacées d'une insolation, rougissent.

Le bras gauche de la Dranse dessine un angle dans la vallée, et la route décrit un immense lacet. Nous l'abrégeons en suivant à pied le vieux chemin. Les glaces du Mont-Velan, que nous apercevons sans cesse devant nous, brillent à l'horizon. Ces pics neigeux, d'un éclat éblouissant, forment un cadre superbe entre la verdure des prairies et le bleu du firmament. Nous traversons Liddes (1,338 m.), et arrivons à deux heures et demie à Bourg-Saint-Pierre (1,633 m.), non sans avoir été horriblement cahotés sur le pavé, s'il est permis d'appeler ainsi les blocs de rochers plantés dans les rues.

Nous faisons halte au : *Déjeuner de Napoléon.* Un Anglais et une Anglaise, dont la voiture nous précédait, s'y installent dans une salle à part. Nous visitons la chambre où le vainqueur de Marengo prit son repas. On y voit la même table et le même fauteuil. M. Pierre, qui n'a plus d'appétit et se contente d'une tasse de thé, s'y repose avec une complaisance qui tient peut-être autant à la fatigue qu'au souvenir de l'immortel conquérant. Il prend des notes sur la famille Moret, qui hébergea le premier consul. L'hôtel appartient à un fils de l'ancien propriétaire, et la jeune fille, qui nous donne ces renseignements avec beaucoup de complaisance, nous apprend qu'elle est une cousine des Moret.

On a dit : « Plus l'homme monte, plus son esprit baisse. » Cet effet devient sensible, surtout chez le colonel. Les rampes du Saint-Bernard éveillent en lui une gaîté exubérante et contagieuse. Est-ce le résultat de la fatigue, de l'influence de la montagne, ou de l'une et l'autre ?

Un seul mot, emprunté au vocabulaire de Guignol en face d'un pot de confiture, lui sert à rendre ses impressions : *Melan, melan !* Ce mot traduit pour lui la joie, la douleur, la crainte, l'étonnement, l'admiration ! Déjà, au Brévent et à la Mer de Glace, nous avons observé ce curieux phénomène. Un rire inextinguible, digne des héros d'Homère, assaisonne le déjeuner.

Les muletiers veulent régler leur compte. Une voiture, d'après les conventions faites au bureau des guides, doit mener deux membres de la caravane et les sacs jusqu'à la cantine de Proz.

Une fois payés, ils font semblant d'être mal informés, et nous présentent un mulet orné de son bât. Le général fait observer qu'il a demandé une voiture. Ils amènent alors une longue charrette à foin. Nous l'accueillons par des éclats de rire, à la grande satisfaction de l'Anglais, dont les favoris s'épanouissent d'aise. Nous refusons l'horrible véhicule, et plus d'un quolibet tombe sur la tête des muletiers.

Ces gens-là sont de mauvaise foi. Ils ont sans doute intérêt à retourner au plus vite à Martigny, afin de s'engager pour une nouvelle course ; si l'un d'eux va jusqu'à la cantine de Proz, il ne pourra redescendre le même jour. De là ce mauvais vouloir. Mais en face de notre obstination à maintenir nos droits, ils finissent par nous procurer un cheval et une voiture convenables, avec un conducteur de quatorze ans.

Louis, la veille si vaillant, s'empresse de s'adjuger le véhicule, et y gagne certaines épigrammes, qui ne troublent nullement sa quiétude.

Au moment de nous mettre en marche, sac au dos, nous nous apercevons que le petit nuage est devenu tempête. La rafale balaye la route à coups d'ailes et courbe les arbres. Le père du garçonnet

C'est une auberge isolée bâtie sur le plateau supérieur de la vallée.

qui nous accompagne hausse les épaules d'un air
compatissant ; puis étendant le bras vers la montagne et décrivant un arc de cercle, il dit :

— « Ah ! mon Dieu ! je vous plains ! Quand il fait
mauvais ici, là-haut c'est abominable ! »

Nous pressons le pas et atteignons la cantine
de Proz à six heures. C'est une auberge isolée,
bâtie sur le plateau supérieur de la vallée (1,802 m.).
Le lieu est triste. Nous y laissons la voiture et
gardons la bête. Le général ne peut plus suivre.
On l'oblige à monter à cheval. Mais il considère
Henri qui souffre du pied et lui rend bientôt sa
monture.

Des coups de vent redoublés et mêlés de pluie
s'abattent en mugissant avec une furie inquiétante.
La nuit et le brouillard arrivent. Nous trébuchons
contre les pierres. Louis va devant d'un pas intrépide. Le colonel cherche dans la solitude un homme pour porter son sac. Un malaise général se
fait sentir, et plusieurs sont pris de crampes d'estomac.

Les éclairs sillonnent la montagne et nous aveu-
glent ; les éclats de tonnerre se répercutent en lugubres échos. Nous sommes au milieu même de
l'orage qui se déchaîne. L'atmosphère est tellement

chargée d'électricité que nos bâtons ferrés émettent à chaque pas des étincelles. L'un de nous distrait s'en étonne d'abord et les attribue au choc des silex. Mais la fréquence du phénomène ne permet aucun doute sur sa nature.

Adolphe, Barthélemy et M. Pierre sont à bout de

Un bon lit leur semble le meilleur des biens.

forces. Un bon lit leur semble le meilleur des biens

et le sommeil, une volupté céleste. Ferdinand et
Gabriel se chargent de leurs sacs et leur donnent
le bras. Ils font ainsi demi-heure de chemin. Les
haltes sont fréquentes et la pluie ne cesse pas. Il
faut s'asseoir sur la pierre humide. Henri a pris
les devants avec sa monture; il avertit les Pères de
notre détresse.

Les chiens accourent. Louis saisit le collier de
Junon et se fait remorquer jusqu'au couvent.
Pluton encourage de la voix et pousse du museau
Sylvestre, qui a tous les symptômes du mal de
montagne. Camille, Paul et François les suivent.
Les Pères et les frères marronniers viennent aussi
à notre rencontre avec des brancards. Ce secours
n'est pas inutile et nous atteignons enfin l'hospice,
à neuf heures, épuisés par la fatigue, la nuit et la
tempête.

Le Père Prieur, instruit de notre passage par
une lettre venue de Lyon, nous donne les meil-
leures chambres. Nous changeons de vêtements.
Le général, dont l'estomac ne supporte plus aucune nourriture, s'étend sur son lit et y reste immobile jusqu'au lendemain.

Nous retrouvons à table l'Irlandais. Parti sans
voiture et surpris comme nous par la bourrasque,

il est resté en défaillance sur le chemin, près de l’hôpital. Un monsieur et une dame l’ont recueilli et l’ont tranporté sur un de leurs mulets jusqu’au monastère.

Le souper est promptement servi. Le chevreuil nous paraît succulent; les Pères nous envoient du thé. Nous formons ensuite un cercle autour du feu et la conversation s’engage avec le monsieur et la dame venus de Martigny etl’Irlandais, dont la physionomie et le langage ont quelque chose d’original et de comique.

Toute la caravane se félicite de l’empressement des bons religieux. Les chiens eux-mêmes viennent au passage nous caresser de leurs grosses têtes et nous lécher les mains. Devant cet accueil sympatique Adolphe se remet, et Sylvestre lutte contre son malaise avec une volonté énergique.

Néanmoins notre vaillance a disparu; le repos et la chaleur, voilà l’objet de nos désirs. Nous allons chercher ces deux bienfaits de l’hospitalité monastique dans nos chambres au premier étage. Elles sont en général étroites, formées de cloisons en planches et ornées des portraits des anciens abbés, vêtus du camail rouge. Camille, aussi calme, aussi impertubable qu’à son départ de Lyon, parcourt les cellules les unes après les autres, afin de les parfumer de l'odeur d'un vevey.

On ne se couche pas au Grand-Saint-Bernard; on s'ensevelit littéralement sous une montagne de couvertures et d'édredons. Barthélemy et François jettent tout à bas dans leur sommeil et se réveillent sous l'action du froid qui les glace. Il faut se lever et refaire le lit; quel désagrément!

# NEUVIÈME JOURNÉE

---

## Grand-Saint-Bernard (2,480 m.)

*Jeudi, 24 août.* — En ouvrant les yeux, nous éprouvons cette sensation particulière que l'on ressent au réveil, durant les mauvais jours de décembre. Il gèle. Passer de l'été à l'hiver en vingt-quatre heures, c'est dur! Une pluie fine, mêlée de neige, donne au ciel une couleur grise et triste. Des cimes sourcilleuses sans verdure, aux roches nues ou couvertes de glace, dominent le monastère.

Nous nous enveloppons de nos plaids en guise de fourrures.

Notre première visite est pour la chapelle. Elle est divisée en deux parties. Les étrangers et les fidèles ne pénètrent pas dans le chœur réservé aux Pères. Elle n'a rien de très remarquable comme architecture; mais elle est ornée de tableaux, de

belles peintures à fresque et de sculptures curieuses. Elle renferme la châsse et les reliques de
sainte Faustine et le monument érigé par Napoléon en l'honneur de Desaix, tué à Marengo, en
1800. C'est un relief en marbre de Moitte, représentant la mort du général. On lit au bas ces
mots :

« J. C. Moitte, membre de l'Institut de France
« et de la Légion d'honneur, faisait ce monument
l'an I du règne de Napoléon I<sup>er</sup>. (sur l'Italie),
MDCCCVI. »

A côté est le tronc destiné à recevoir les offrandes
des visiteurs.

Encore sous le charme du bienveillant accueil
des religieux et retenus d'ailleurs par la fatigue
et le mauvais temps, nous nous consultons et décidons à l'unanimité qu'une journée de repos est
nécessaire. Où la passer au Saint-Bernard, sinon
à l'hospice? M. Pierre va trouver le P. Prieur. Les
religieux se font un plaisir de garder la caravane.

Après le déjeuner, les Pères nous conduisent à
la bibliothèque et au musée. On y voit des anti-
quités, des statuettes, des médailles, trouvées sur
les lieux mêmes ou dans les environs, la carafe
de cristal qui servit à Napoléon à son passage, et

le portrait de Turk, le prince et le modèle des chiens.

Les corridors sont larges, fermés par des grilles. Dans le vestibule, près du salon, une table de marbre noir contient une inscription. Camille, en fidèle historiographe du jour, la copie scrupuleusement, et grâce à lui, nous pouvons la mettre sous les yeux du lecteur.

Napoleoni primo,

Francorum imperatori semper augusto,

Reipublicæ Valesianæ restauratori semper optimo,

Ægyptiaco, bis Italico semper invicto,

In monte Jovis et Sempronii semper

Memorando

Respublica Valesiæ grata

II decembris, anno MDCCCIV.

Pendant que nous lisons ces lignes, qui perpétuent les gloires de notre patrie dans un lieu où passent des touristes de tous les pays, un Italien vient se placer près de nous et traduit à haute voix à sa fille l'inscription. Il accompagne cette traduction de gestes, de rires et de commentaires, propres à faire croire que la France est une

petite Suisse près de la grande Italie, et que les
victoires de Bonaparte sont du domaine des mythes,
ou un conte de croquemitaine. Nous nous écartons
bien vite de ce gallophobe outrecuidant. Il demeure le reste de la journée seul et aussi embar-
rassé de sa fille que de sa tenue.

Le salon sert de salle à manger et de cabinet de
lecture. C'est une grande pièce carrée et parque-
tée. Elle est ornée de gravures et de dessins. Sur
la cheminée se trouve un relief de marbre blanc,
aux armoiries de saint Bernard, de Menthon. La

Un relief en marbre blanc, aux armoiries de saint Bernard.

légende raconte que le fondateur de l'hospice,

après avoir chassé les démons, établit son monastère en 962, près de l'endroit où existait jadis un temple de Jupiter Pœnin.

Les voyageurs reconnaissants ont gratifié le couvent d'un piano et d'un harmonium, laissés à la disposition des hôtes.

Nous nous risquons hors des murs. Il neige; le froid est intense ; nous grelottons. L'ascension du pic de la Chenaletta (2,889 m.) devient impossible. Les plus intrépides descendent avec les chiens jusqu'au lac. Nos vêtements sont légers. Le froid est tel que tous rentrent bientôt pour se chauffer.

On se presse autour du foyer où flambent trois bûches trop vite consumées. Le frère marronnier ne les remplace pas. Il n'y a pas de forêt au Saint-Bernard ; et plus de dix mulets sont sans cesse occupés à apporter du val Ferret au monastère le bois de chauffage. Cependant Paul et Gabriel découvrent le bûcher, s'y approvisionnent et alimentent le feu.

La Joquère est remise de ses émotions ; elle s'est levée à six heures pour entendre l'orgue de la chapelle et assister à la messe du chœur. Maintenant elle exécute des airs variés sur le piano. La gaîté s’allume, et toute la troupe improvise sous les yeux du général une danse macabre des plus endiablées, mais qui ne dure pas.

Paul et Camille sont devenus les amis inséparables de l’Irlandais. Il leur raconte ses longs voyages, *toujours à pied*, à travers l’Europe. Il veut aller à Marseille, puis à Alger. Ce qui l’ennuie, c’est qu’il sera obligé de prendre le « *pateau* pour traverser la mer. » Il retourne à Chamonix par Entrèves, l’Allée Blanche et le col du Bonhomme.

Paul lui trace son itinéraire sur la carte ; Camille lui fixe les étapes, et l’Irlandais lui donne un paquet de feuilles de savon, en signe de reconnaissance. Il est plein de confiance et demande son déjeuner. Il veut partir de suite et arriver le soir même à Courmayeur. La course est de quinze lieues au moins ; mais l’intrépide marcheur ne s’en émeut pas. Il mange, il boit, il prend son thé avec lenteur. Une première tasse lui paraît agréable ; il en prend une seconde pour se donner du lest, et une troisième en souvenir du Saint-Bernard. Il se fait répéter une dernière fois par Paul et Camille les indications nécessaires pour son itinéraire, leur serre la main, et le voilà descendant par bonds et longues enjambées les pentes bordées de précipices qui aboutissent à Saint-Rémy.

Le départ de l'Irlandais nous a conduits dehors. Nous en profitons pour visiter l'hôtel Saint-Louis, qui sert de magasin et de demeure aux voyageurs pauvres. A cent pas de l'hospice, s'élève un petit bâtiment appelé la *Morgue*, où sont exposés, tels qu'ils ont été trouvés, les corps des personnes qui ont péri dans la neige. L'air favorise si peu la décomposition, que ces cadavres se dessèchent et restent là jusqu'à vingt ans, sans devenir méconnaissables.

Le colonel est pris d'un accès de fièvre et garde le lit. Il se croit frappé mortellement et parle tristement de sa fin déplorable sur ces monts désolés.

Ferdinand, sans pitié pour son malheur, lui promet de le déposer en bonne compagnie à la Morgue, près de l'homme au manteau blanc, qui rit toujours et se gratte le mollet. Ces funèbres plaisanteries n'égayent pas Sylvestre. Il regrette sa jeunesse perdue, ses espérances brisées et la douce lumière du jour. Ferdinand essaye alors un de ces moyens que suggère l'imagination d'un touriste à une altitude trop élevée.

— « Sylvestre, dit-il, je vais te guérir ! »

— « Merci ! Oh ! comme je t'en serai reconnaissant ! » Et le malade tend les bras à son ami.

Ferdinand tire son couteau et s'avance:

— « Où est-elle ta fièvre, que je la coupe? »

— « Ah ! melan, melan ! — reprend le colonel,
« — peut-on se moquer ainsi des moribonds? »

Désespéré, il tourne le dos à son condisciple.
Nous l'accablons alors de couvertures, d'édredons
et lui portons des infusions bien chaudes qui le
consolent un peu de ses amers déboires. Les calembourgs les plus grotesques, les moins spirituels
provoquent une hilarité générale. Je crois vrai-
ment que l'altitude du lieu influe sur les tempé-
raments et les esprits.

D'après l'opinion des Pères et notre propre baromètre, le monastère ne serait pas à 2,472 m.,
comme le porte le guide Bœdæker, mais à 2,480 m.
Les calculs météorologiques établissent qu'on n'y
compte pas plus de dix jours sereins par année.
Alexandre de Humboldt prétend que la température
moyenne y correspond à celle du cap sud du
Spitzberg, situé à 75° de latitude septentrionale.

Indépendamment de l'altitude, la situation oro-
graphique du Saint-Bernard en aggrave encore
l'état climatérique.

Le monastère est placé dans une espèce d'entonnoir recourbé, de façon qu'il ne peut en aucune manière recevoir l'air chaud qui s'élève du val d'Aoste ou de Bourg-Saint-Pierre. Tous les vents qui soufflent sur cette région ont dû passer sur l'un des pics de la Chenaletta, du Mont-Mort, de Dronaz ou du Grand-Golliaz, à des altitudes qui varient entre 2,880 et 3,000 mètres.

Ce col a été fréquenté de tout temps. On connaît le beau récit que M. Thiers a fait du passage de Napoléon, effectué du 15 au 20 mai, en 1800, avec une armée de trente-cinq mille fantassins, cinq mille cavaliers et un nombre considérable de pièces de canon

Les guides affirment, comme s'ils en avaient été les témoins oculaires, qu'Annibal y a passé avec ses éléphants, et que le nom de *Mons Pœninus* vient de ce fait mémorable. Ce qui est certain c'est que plus de vingt mille personnes y reçoivent l'hospitalité chaque année et occasionnent aux religieux une dépense de quatre-vingt mille francs. Les offrandes déposées dans le tronc sont loin d'égaler cette somme. Seul, le gouvernement Français accorde à l'hospice une subvention de deux mille francs. La Suisse et l'Italie ont supprimé leurs allocations.

Le couvent appartient à une congrégation d'environ quarante membres répandus dans le Valais. Ils suivent la règle de Saint-Augustin. Le père abbé reste à Martigny habituellement et ne vient à la montagne que dans les grandes occasions, notamment pour conférer les ordres moindres aux novices. Les religieux de l'hospice, au nombre de douze à quinze, sont tous jeunes et vigoureux. Il est rare qu'ils y demeurent plus de quinze années. Ils succombent souvent victimes du climat meurtrier et des fatigues excessives, auxquelles ils sont exposés. Ils ont pour aides des frères qu'on appelle marronniers.

Les heures nous paraissent longues ; nous grelottons. Nous commençons à nous apercevoir qu'une vague odeur de moisissure empeste la maison. Un profond ennui se dégage de ces cloîtres obscurs et vous saisit au passage, comme un larron. La nostalgie s'empare de tous, et nous constatons qu'un site, à une pareille hauteur, n'est pas un lieu propice au repos.

Une parisienne vient au salon chauffer la flanelle de son mari, qui a voulu monter au pic de la Chenaletta, malgré le mauvais temps. Il revient trempé, sans être arrivé au sommet. Une alsacienne, qui n'a pas cessé de prendre part à notre conversation, demande avec anxiété si son mari n'a pas commis aussi cette imprudence. On la rassure ; elle nous explique alors, par le détail, que son mari est sujet aux vertiges et aux étouffements, et qu'il a besoin d'une surveillance active. Le mari entre à ce moment, et n'a pas certes la mine de vouloir faire aucune ascension.

On donne le nom de Clavandier au religieux chargé de la réception des étrangers. Il est d'une prévenance et d'une patience admirables. A onze heures et demie, il nous avertit que le dîner est servi. Il se met à table avec nous, et cause avec beaucoup de simplicité et de bonne humeur.

Les mêts sont abondants ; mais les viandes sont dures et le vin mauvais. Le colonel s'en désole à cause de sa fatigue. Il aurait besoin des soins qui l'attendent à la rue du Peyrat.

Nous demandons au Père si les cuisiniers se servent de la marmite Papin, comme nous l'avons lu dans plusieurs traités de physique, Il nous répond que non. Il n'est donc pas étonnant que la viande soit peu cuite, puisque l'eau bout, au Saint-Bernard, à une température inférieure à cent degrés.

Nous interrogeons le Père sur les chiens, et le

sujet ne manque pas d'intérêt. Dix-huit ont été atteints de pleurésie durant l'hiver dernier. Quand ils rentrent de leurs longues courses dans la neige, ils prennent froid et meurent.

Il n'en reste plus que six. Dès qu'un touriste sort, ils l'accompagnent. Ce sont de magnifiques bêtes ; ils ont le poil ras, la taille haute, la tête énorme et les pattes vigoureuses. Sous les avalanches, ils flairent la présence de l'homme et creusent pour le délivrer. Dans les mauvais jours, ils portent au cou une petite corbeille, pleine de fortifiants. On conserve à l'hospice le registre des personnes arrachées à la tourmente par ces intelligents quadrupèdes.

Le plus célèbre d'entre eux est Barry, qui unissait le talent au caractère. Il sauva la vie à plus de quarante personnes. Dès que le brouillard ou la tempête arrivait, rien ne pouvait le retenir au couvent. Il aboyait, parcourait et sondait tous les passages dangereux.

Un jour, il rencontre dans une grotte de glace un enfant demi-gelé, qui succombe déjà au fatal sommeil. Barry cherche à le réveiller par ses aboiements, le pousse du museau, le lèche et le réchauffe de sa langue. Puis il l'engage par ses caresses et son attitude à monter sur son dos et à se tenir solidement à son cou ; et, chargé de son précieux fardeau, il revient triomphant à l'hospice.

Ses services durèrent quatorze ans. Barry est mort victime de son dévouement. Un soir, par un temps orageux, il s'élance à la rencontre d'un voyageur, la gueule ouverte ; l'étranger se croit menacé, et frappe vigoureusement de son bâton ferré la généreuse bête, qui tombe à ses pieds en gémissant. Les religieux accourent. Le malheureux chien, étendu sur la neige, la rougit de son sang. On lui prodigue les soins. Dans l'espoir de le sauver, on l'envoie à l'hospice de Berne. Mais le fer avait atteint le cerveau, et Barry, malgré les efforts de la science, ne survécut pas longtemps à sa blessure. Son corps est conservé au musée de Berne.

La race des chiens du Saint-Bernard remonte au quatorzième siècle. Elle est issue du croisement du dogue danois et de la chienne des Pyrénées. Toutes les femelles périrent durant le rude hiver de 1812. On essaya de les remplacer par des chiennes de Terre-Neuve. Les sujets ainsi obtenus avaient le poil trop long ; la neige et la glace s'y attachaient, les rendaient lourds, et faisaient souvent succomber ces vaillants animaux. Après quelques tentatives infructueuses, on est presque arrivé à reconstituer l'ancienne race dans toute sa vigueur.

Turk en est le héros. Il s'est signalé surtout, dans le terrible accident arrivé le 19 novembre 1874 et raconté par le journal de Genève.

Douze ouvriers italiens rentraient dans leurs foyers, après avoir passé la nuit à la cantine de Proz. A la Montagne de la Pierre, ils furent rejoints par deux moines, un frère marronnier et le fidèle Turk. Le ciel était noir. La neige tombait à gros flocons. Les tourbillons, que les montagnards appellent *Veura*, le monstre aux ailes glacées, amenaient des hauteurs, au milieu des hurlements de la tempête, la neige fraîchement tombée.

La caravane s'était divisée en deux bandes. La première se composait de cinq ouvriers, des deux religieux, du frère et du chien. Elle disparut subitement sous une couche de neige de plusieurs mètres d'épaisseur, sans qu'aucune avalanche se fût détachée des sommets. L'ouragan enveloppa du même coup les sept autres ouvriers à quelque distance des premiers, et les couvrit de son blanc linceul.

Un mouvement se produit tout à coup ; la neige se soulève ; des bras et des jambes apparaissent

à la surface ; les sept hommes sortent de leurs
tombeaux et retournent à Saint-Pierre, après s'être
convaincus de l'impossibilité de sauver leurs camarades.

Le fidèle Turk finit aussi par se dégager. Il ren-
tre au couvent, meurtri et couvert d'écorchures.
Les pères, avertis par ce brave animal, se rendent
au lieu du sinistre. Durant l'intervalle, le jeune
chanoine Contat, de Sembrancher, a réussi par des
efforts désespérés, après plusieurs heures de lutte,
à se délivrer de la masse de neige qui le recouvre.
Il se traîne tout ensanglanté jusqu'au refuge de
l'hôpital. On l'y trouve encore vivant. Il était resté
vingt-sept heures sans nourriture et sans secours.
Ranimé par un cordial, il put raconter les péripéties du drame, et mourut avant d'avoir atteint
l'hospice. Son collègue et ses six compagnons, en-
sevelis par la *Veura*, ne furent retrouvés que dans
la journée du 24. Depuis soixante ans, les tempêtes
du Saint-Bernard n'avaient pas fait autant de victimes.

Le froid ne cesse pas. Lentes, mornes et décolo-
rées, les heures marchent péniblement, sous un
ciel toujours terne et sans horizon. Il faut encore
se claquemurer près du feu une partie de la soirée.
Nous faisons notre correspondance, qui se ressent
de la tristesse du lieu. Les feuilles de papier à

l'en-tête de l'hospice sont vite épuisées, et le frère chargé du service ne les distribue qu'une à une. Camille écrit huit grandes pages. Il note minutieusement sur le carnet les incidents de la journée.

Nous parcourons le cahier des étrangers. On y voit une foule de noms connus, et de nombreux Lyonnais n'ont pas manqué d'y laisser un souvenir de leur passage. Certains touristes ont versé là, dans toutes les langues, les épanchements de leur verve. On rencontre à chaque page l'éloge des religieux, quelques belles pensées, mais aussi des tirades d'un lyrisme à faire dresser les cheveux.

A trois heures commence l'office. Les Pères, vêtus du camail rouge, se placent aux stalles; deux novices en aube se tiennent debout au lutrin. Les religieux chantent d'une voix mâle et sonore, avec un ensemble parfait. Il n'y a pas de psalmodie nocturne.

Le temps paraît s'améliorer. Nous faisons quelques pas sur la montagne, et les chiens, dont les bonnes grosses têtes appellent les caresses, s'empressent de nous suivre. Junon et Pluton surtout sont très familiers. Ces animaux ont l'habitude d'aller toujours deux à deux. Le plus âgé fait l'éducation du plus jeune. On est attentif à les

récompenser quand ils ont accompli un acte de
vaillance. Ils s'y montrent sensibles, et semblent

Nous faisons quelques pas sur la montagne.

par leur attitude promettre de faire mieux encore à
l'avenir.

A cinq heures quarante minutes, on sonne le
souper. Le bœuf, les pommes de terre, cuites à
l'eau, et le civet de chamois reviennent comme la
veille et n'ont plus pour nos estomacs le mérite

de la nouveauté. Plusieurs touristes sont déjà arrivés et nous sommes près de quarante à table.

Le soleil ne se couche pas, sans nous envoyer un rayon que nous saluons, après cette triste journée, comme une promesse de beau temps pour le lendemain.

Nous sommes frappés de la courte durée du crépuscule. La couche atmosphérique est moins dense et moins large sur les hautes montagnes que dans la plaine; le phénomène de la réfraction y est moins sensible et les ombres de la nuit s'abattent avec une rapidité plus grande.

On se heurte dans les corridors, sans se reconnaître. La cloche ne cesse pas de retentir. Des bandes joyeuses envahissent le monastère. On compte déjà plus de quatre-vingts étrangers. On ne peut donner à tous des chambres. On organise des dortoirs, et ce flot de passagers se continuera jusqu'à neuf heures.

D'un groupe perdu dans l'ombre une voix connue s'élève. Elle demande des nouvelles de la caravane minimoise; nous nous approchons et apercevons, à notre grande surprise, nos deux condisciples, Joseph et Benoît Vianey, en compagnie de M. l'abbé Salomon. Depuis huit jours, ils nous suivent à la piste. Cette rencontre ramène la gaieté sur nos fronts et la joie dans nos cœurs.

Nous faisons une dernière visite à la chapelle, pour y remercier Dieu qui veille sur les touristes, au sein des vallons comme au sommet des montagnes lugubres et glacées. Puis, nous gagnons nos cellules, rêvant pour le lendemain au ciel de la belle Italie !

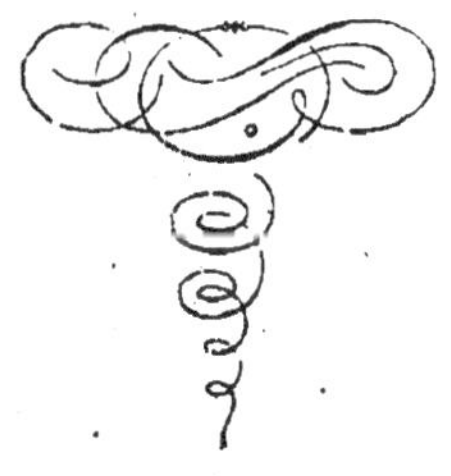

# DIXIÈME JOURNÉE



**Du Grand-Saint-Bernard à Saint-Didier, par Aoste.**

*Vendredi, 25 août.* — Nous assistons à l'office du matin. L'abbé Vianey et son frère Joseph viennent nous saluer. Ils nous racontent les péripéties de leur voyage. Ils ont consulté les registres des hôtels pour s'assurer de notre passage, et nous affirment que nous avons laissé partout des sympathies, dont ils ont recueilli les marques. Ils sont accompagnés de deux séminaristes. A Aoste, ils prendront la route d'Ivrée et de Turin, et rentreront par le Mont-Cenis, au lieu de revenir comme nous par le Petit-Saint-Bernard.

Le déjeuner ne manque pas d'entrain. On est heureux de songer au départ. A huit heures, Ferdinand porte au tronc de la chapelle l'offrande de la caravane. Nous présentons nos hommages et nos remerciements au R. P. prieur, et saluons les frères. Les chiens nous fêtent une dernière fois ; nous leur donnons quelques caresses et partons.

Une quinzaine de mulets sont alignés devant le portail, et font vacarme avec leurs sonnettes et leurs sabots. Un vent froid souffle des hauteurs ; le ciel est presque serein. Quelques gros nuages se pelotonnent derrière les cimes qu'ils ombragent d'un panage flottant.

Sylvestre se hisse sur sa mule, retenue la veille, et qui est montée le matin même de Saint-Rémy. Il va mieux ; il a retrouvé une partie de sa vigueur; mais il n'a pas encore repris sa mine superbe de Chamonix. Nous levons nos alpenstocks en son honneur. Il répond à notre ovation par un sourire, et la caravane s'ébranle en jetant pour adieu un dernier regard aux amis que nous laissons, aux Pères et au monastère.

Près du lac, deux énormes pierres, couchées sur le sol et gravées aux armes de l'Italie et de la Suisse, marquent la frontière. A la sortie du col, le chemin décrit une large courbe. Le paysage offre un spectacle unique. La vallée se creuse en un gouffre immense, en forme de tire-bouchon. En face le Grand-Golliaz dresse son front décharné et sa tête grise ; à gauche, en arrière, court la chaîne

gigantesque du Saint-Bernard, dont les arêtes sourcilleuses se lèvent en saillie, comme des bras éplo-
rés vers le ciel, et rappellent au regard que la
main de Dieu seul a pu jouer avec ces masses. Là-
bas, dans l'abime, s'étend un large tapis de mousse
et de gazon, troué çà et là par des roches éboulées.

Sur ce fond vert des troupeaux de vaches forment de nombreuses petites taches rouges et jaunes. Des coups de vent, engouffrés dans les gorges
et froissés par les rochers, ont des murmures mélodieux et tristes, et nous apportent par bouffées
le carillon des sonnettes, tantôt distinct et sonore,
tantôt faible et à peine saisissable, comme une vague harmonie. Des poteaux, plantés sur les flancs
de la montagne, indiquent le chemin à suivre en
hiver pour éviter les avalanches.

Les membres de la caravane s'éparpillent sur le
sentier. Les casquettes blanches s'aperçoivent encore, quand le vêtement se confond avec la teinte
grise du paysage ; les couvre-nuques s'abaissent
et se relèvent comme des ailes, et ressemblent de
loin à une bande de pigeons voyageurs. Les bâtons
ferrés marquent le pas sur les pierres ; l'hymne
minimois retentit.

Le général ferme la marche avec le colonel,
cramponné sur son bidet, dont la tête, à la descente,

Le colonel cramponné sur son bidet.. ..

est loin d'être à la hauteur de l'arrière-train. Un
air plus doux, plus dense, plus vivifiant, monte du
val italien et dilate nos poumons. Les nausées ne
se font plus sentir. La santé renaît.

Des croix nombreuses, fixées le long du chemin,
marquent les endroits où ont péri des voyageurs,
saisis par la neige, le froid, ou écrasés par les avalanches. Le sentier est glissant, rocailleux, difficile.
On craint sans cesse de faire rouler quelques pierres dans les jambes de ceux qui précèdent. Quand
un caillou se met en mouvement, il en entraîne
d'autres, et c'est bien vite un torrent de roches qui
se précipitent avec des bonds vertigineux vers le

fond du val, où elles se heurtent, se brisent et volent en éclats.

Un aigle, les ailes étendues, tournoie dans les airs, avec le calme et la régularité d'un philosophe et la majesté d'un roi.

Le sol dénudé porte les traces d'un bouleversement géologique. Il offre des amoncellements de ruines, des traînées de cailloux dans le creux des pentes, des déchirures, où les rochers montrent leur ossature décharnée.

Plus bas la végétation est pâle, rabougrie, maladive. Elle commence sur les flancs de la montagne, suivant une ligne qui semble tracée au cordeau. On dirait que le Créateur a dit aux plantes :

« Vous n'irez pas plus haut ! »

Les premiers arbrisseaux qui apparaissent aux yeux du touriste, quand il descend des cimes élevées, sont maigres, frêles et chétifs. Ce sont des aroles, des mélèzes, des sapins et des bouleaux. Leur vue néanmoins réjouit.

Les arbres sont comme la parure de la terre, la source des senteurs enivrantes et l'indice de la vie.

Ce sont des amis qui ont un langage, un sourire, une harmonie pour nous fêter. Ils s'agitent, luttent, gémissent et souffrent avec nous dans les tourmentes de la nature ; ils respirent l'air du ciel qu'ils embaument de leurs parfums ; ils s'abreuvent de la rosée ; ils se chauffent au soleil ; ils vivent enfin. Sans eux la montagne n'a ni mystères terribles, ni surprises charmantes, ni émanations balsamiques. Insipide et morte elle ne présente que la désolation, le silence et l'horreur.

La gorge au fond de laquelle coule le Buttier se resserre tout à coup et se trouve comme fermée entre deux escarpements par un groupe de maisons. C'est Saint-Rémy.

La première habitation contient la douane. Le chef du bureau, fort galant homme, né à Florence, a longtemps séjourné à Naples. Il engage la conversation avec le colonel. Il parle un italien très pur. Le dialecte du Dante nous rappelle les vers du poëte sur la langue d'Homère. Nos oreilles sont charmées de :

« Ce langage sonore, aux douceurs souveraines,
« Le plus beau qui soit né sur des lèvres humaines. »

Le muletier a fait son petit calcul, et nous n'en sommes pas fâchés. Il nous propose deux voitures

à double banquette pour nous conduire à Aoste.
Nous y serons entassés plutôt qu'assis ; mais qu'im-

Il engage la conversation avec le colonel.

porte ? Nous acceptons l'offre ; un compère, prévenu dès le matin, se tient sur le qui-vive. Il
amène son char et son mulet. La mule de Sylvestre
échange le bât contre les traits, et reçoit quelques
morceaux de pain de seigle trempés d'eau. Le

douanier ne nous quitte pas durant toute cette opération.

En voiture ! La route est bonne, mais en pente, et toujours sur le bord du précipice. Les mulets ont le pied solide ; ils prennent une allure rapide qu'un cheval, en pareil endroit, ne pourrait avoir sans danger.

Cette course échevelée nous met en liesse et les bouches s'ouvrent aux airs les plus variés ; les bâtons s'agitent en mesure, et les étendards flottent au vent.

Le soleil, de ses rayons, nous verse la vie et la chaleur. C'est une volupté de revenir aux tièdes haleines des beaux jours ! Barthélemy dit son bonheur à tous les échos du chemin ; le colonel s'étire, comme s'il sortait d'une profonde léthargie. Georges n'a plus de noires vapeurs ; François retrouve ses distractions, Louis ses malices, la Joquère ses grâces et Camille allume un cigare d'Italie.

Voici Saint-Oyen ! les maisons sont moins rares ; le sol commence à être cultivé. A Etroubles, la route traverse le Buttier et suit la rive droite, mais à une grande hauteur au-dessus du torrent.

Nous saluons une église dont le portail nous apparaît de loin enluminé de peintures. A gauche, en arrière, nous apercevons les superbes glaciers de la Balme, du mont Velan et la pyramide du Grand Combin. A Condamine la vue s'étend sur la magnifique vallée de Valpelline, fermée au fond par les neiges laiteuses du Mont-Colon.

Nous traversons Gignod. La contrée change de caractère. Le châtaignier, le noyer, le maïs et la vigne, entremêlée de gracieuses prairies, lui donnent un aspect méridional.

La route descend tout à coup. Quelques villas émergent de la verdure. Aoste nous apparaît dans une plaine riante et fertile, au confluent du Buttier et de la Doire Baltée (583ᵐ). Il est midi quinze minutes.

Nos brillants équipages parcourent la ville, avec un bruit retentissant de roues et de ferraille. Les habitants nous regardent passer ; les dames agitent leurs mouchoirs et nous envoient des saluts. Nous descendons jusqu'à l'hôtel du Mont-Blanc et commandons le déjeuner.

Notre plan est d'aller coucher le soir même à Saint-Didier, qui est à plus de vingt-cinq kilomètres. Il est prudent d'arrêter d'avance trois voitures. Le général a remarqué un muletier aux aguets, en conférence avec un jeune Anglais, avec lequel il ne peut s'entendre.

Un muletier aux aguets est en conférence avec un jeune Anglais.

L'hôtelier, heureux de posséder douze convives, calcule peut-être qu'il serait avantageux pour sa maison de les retenir jusqu'au lendemain. A la première demande de voitures, il prend un air désolé, dit qu'il sera bien difficile d'en trouver, qu'il n'en reste plus à l'hôtel, qu'elles sont toutes parties ou retenues. Nous avons déjà entendu cette chanson ; le refrain n'est pas nouveau, et nous n'en croyons pas un traître mot.

Barthélemy a l'intelligence de la situation. Il s'approche du général et lui dit fort à propos, en face de l'hôtelier :

— « Monsieur, ne louez pas de voitures. Nous sommes bien dispos. Nous partirons à pied. Le temps est beau ; la promenade sera charmante. »

A cette proposition faite à haute voix, l'amphitryon s'empresse de dire qu'en cherchant bien, i finira peut-être par trouver chez des amis les trois véhicules nécessaires ; mais la chose sera longue. Il y mettra toute son activité, et prendra des mesures afin qu'on n'exagère pas les prix, et qu'on nous conduise pour la modeste somme de quatre-vingt-dix francs. Pourtant il n'ose encore rien promettre.

Mécontent de ces petites ruses, le général se met en quête du muletier qui nous a amenés de Saint Rémy ; il le trouve en train de panser sa bête, et lui demande s'il pourrait encore fournir une étape.

Les yeux du bonhomme s'éclairent de joie. Il fait un grand compliment à M. Pierre, loue sa bonté et la gentillesse de sa troupe, et avoue qu'il songeait à nous mener plus loin. Le cocher aperçu à notre arrivée est là aux renseignements sur notre compte. Il désire nous proposer ses services, quand la petite comédie, organisée par l'hôtelier, aura pris fin, et qu'il aura reçu l'ordre d'agir.

M. Pierre offre soixante francs au conducteur de Saint-Rémy, à condition qu'il ajoutera à ses deux voitures, celle de ce troisième muletier. L'affaire est conclue.

Nous allons vite prier le maître de céans de ne point se mettre en course à travers la ville, attendu que nous avons trouvé dans sa maison ce dont nous avons besoin. A cette nouvelle, qui déjoue sa diplomatie, il ne peut déguiser son désappointement ; son nez s'allonge, et, pour colorer son dépit, il s'avise de nous persuader que la troisième voiture nous vient de son obligeance.

Pendant que le déjeuner se prépare, nous courons à la poste. Elle est fermée jusqu'à trois heures. Nous nous rendons au domicile du directeur, car nous avons des lettres chargées à prendre. M. le Directeur n'est pas visible ; il fait sa sieste ; et sa femme et sa fille n'ont pas la clef. Quelle belle administration ! La poste est fermée de midi à trois heures ! Et cela tous les jours !

Après le déjeuner, assez gai, nous prenons connaissance de la ville. Il est trois heures. La poste est ouverte, et Ferdinand reçoit sa lettre. Nous faisons divers achats dans les boutiques. Quelques-uns se rendent à la maison du Lépreux, immortalisée par les belles pages de Xavier de Maistre. C'est une petite habitation, dans un pré, à cinq minutes de la ville. Elle n'a rien de curieux.

La cité d'Aoste est assez jolie; elle a huit mille habitants. Les boutiques sont toutes pavoisées de banderolles, aux couleurs voyantes, placées en étalage. De nombreux ecclésiastiques circulent dans les rues.

La porte de la cathédrale offre un spectacle singulier. On y voit des fresques et une cène représentée par des statuettes en terre cuite peinte. L'Hôtel-de-Ville est un monument d'assez belle apparence. Un arc de triomphe, des murs d'enceinte, un vieux pont sur le Buttier, témoignent de l'importance de la cité chez les Romains.

Non loin de la porte méridionale, sont les ruines d'un ancien château, où le comte Réné de Chalans, poussé par les fureurs de la jalousie, laissa mourir de faim, au quinzième siècle, la princesse Marie de Bragance, son épouse. De là, le nom de

*Bramafan*, cri de la faim, donné à ce manoir par les gens du pays.

La maison du lépreux fut jadis appelée la Tour de la frayeur. Elle était habitée par des revenants. Les vieilles femmes d'autrefois se ressouvenaient fort bien d'en avoir vu sortir, pendant les nuits sombres, une grande dame blanche, tenant une lampe à la main.

Nous retrouvons à l'hôtel deux jeunes touristes lyonnais, MM. Thoviste et Bunan, que nous avons salués au Grand-Saint-Bernard, et qui viennent aussi de Martigny. Ils ont une voiture et s'apprêtent à partir. Ils se joignent à notre caravane et ne nous quittent plus.

A trois heures et demie nous prenons congé du Mont-Blanc. La route est excellente; elle remonte le cours de la Doire, dans une vallée superbe, large d'un kilomètre environ, mais fertile, bien cultivée, riante, ombragée et coupée de jolis sites. De nombreux oiseaux volettent et gazouillent sur les haies. Les mulets prennent une allure rapide.

La mule, venue du Saint-Bernard avec Sylvestre, est encore attelée. Quelle journée pour elle ! Elle est partie à quatre heures du matin de Saint-Rémy pour monter au monastère. Elle est descendue à Aoste avec nous, et trotte maintenant sur Saint-Didier.

Elle fait environ quatorze heures de chemin, et rapporte à elle seule quarante francs à son maître. Nous la plaignons vivement. A chaque arrêt, elle reçoit nos caresses avec des marques visibles de satisfaction, et le muletier la traite avec une douceur dont nous lui savons gré ! Il ne manque pas de lui baigner le museau et de la régaler de quelques morceaux de pain de seigle ; elle s'en montre très friande.

On nous signale sur un mamelon un vieux castel, propriété du roi d'Italie, et où Victor-Emmanuel aimait à venir, au temps de ses chasses dans le val de Cogne. Il est entouré de vignes. Placé en sentinelle à un coude de la vallée, il la domine et la commande des deux côtés.

Nous remarquons aussi le beau château de la Sarre et celui d'Aimaville, surmonté de quatre tours crénelées. Les montagnes sont boisées à droite et à gauche. Çà et là la verdure est coupée d'un large filet d'eau, qui tombe en cascatelles écumantes et ressemble, d'après Ferdinand, à une breloque d'argent sur un habit vert.

Partout dans les villages, on ne parle que le français ; les enseignes sont en français. Les rues même portent des noms français, qui rappellent nos guerres d'Italie sous Charles VIII et François I<sup>er</sup>.

Nous rencontrons plusieurs crétins. Ils ne sont pas rares dans cette région. Leur aspect est repoussant. La mauvaise nourriture, l'absence de soins hygiéniques, l'eau des glaciers contribuent sans doute au triste état de ces êtres déshérités. On nous dit que leur nombre diminue avec le progrès des mœurs et de la civilisation. En général, les gens du pays présentent les signes d'une race abâtardie ; les hommes sont petits et trapus, et les femmes sont remarquables par leur laideur.

Après avoir passé Saint-Pierre, où débouche le Val de Cogne, nous avons un magnifique coup d'œil sur les trois cimes du Ruitor, sur la Grivola, qui se dresse à 4,011 mètres, et le glacier de Trajo.

Le soleil baisse, et sa lumière poudroyante couronne d'un nimbe d'or les hauts sommets. Une brise tiède caresse nos fronts et nous apporte l'arôme pénétrant qui s'exhale des monts et de la vallée. Où sont les frimas d'hier et les tristesses de la nature ?

La nuit arrive. A l'obscure clarté des étoiles, nous traversons Morgex. Les habitants sont sur le seuil des maisons et dans les rues, causant de leurs affaires et jouissant de cette splendide soirée. Nous laissons nos attelages ralentir le pas et sautons à terre pour ne rien perdre du charme d'une si belle promenade.

Phœbé ne tarde pas à nous montrer son blanc visage. La Grivola se dessine alors sur le ciel, comme un colossal géant noir, qui veille sur les défilés des monts.

En approchant de Saint-Didier (1,080 m.), la route devient très pittoresque. Nous avons une magnifique échappée de vue dans la direction de Courmayeur.

La lune inonde de sa lumière bleue les glaciers, qui se découpent sur l'azur, en immenses plaques d'argent. Les pics, perdant de la netteté de leurs contours, s'estompent dans le lointain, et prennent des proportions fantastiques. Le coup d'œil est ravissant. On croirait apercevoir, dans une vision apocalyptique, des champs nouveaux, d'une pureté sans tache, descendus du ciel comme une vaste nappe blanche constellée de diamants.

Nous nous arrêtons à l'hôtel de Londres, qui porte aussi le nom d'hôtel Rosa. Il a belle apparence et comprend trois vastes corps de bâtiment séparés.

Les deux touristes lyonnais demandent à partager notre souper. C'est vendredi ; le repas est maigre et se compose d'un potage, d'œufs et d'un dessert. Les préparatifs en sont très longs, plus longs même que s'il s'agissait d'un festin. En attendant, nous échangeons nos impressions.

La joie rayonne dans tous les yeux. M. Thoviste finit par découvrir, en la personne de La Joquère, un de ses cousins. A partir de ce moment, l'alliance est complète, et les deux étrangers sont sacrés membres de la caravane. Ils la suivront jusqu'à Albertville, où leur itinéraire se sépare du nôtre.

Georges devient leur compagnon assidu et leur confident. Henri, naturellement, se joint à Georges ; et eux-mêmes, toujours polis et courtois, paraissent charmés de notre société.

Les habitués de l'hôtel de Londres sont des baigneurs. Les buveurs d'eau, comme les diseurs de bons mots, ont en général mauvais caractère. Ce sont gens délicats, amis de leurs aises et ennemis

du bruit. L'hôtelier les connaît bien. Afin que nul
n'en ignore, des écriteaux, collés aux murs dans
les corridors, avertissent les étrangers que le
silence est de rigueur. On se croirait dans un
monastère. La jeunesse est naturellement bruyante.
Le propriétaire se défie de notre troupe; et, avec
une intention perfide, il nous disperse à toutes les
extrémités de sa maison, si bien qu'il nous est impossible de nous retrouver.

Les uns ont de fort belles chambres; les autres
une simple paillasse, déguisée en matelas. Certains lits ressemblent aux pentes du Saint-Bernard.
Quand on s'y couche, ils s'inclinent sur un côté et
vous font rouler d'un bord à l'autre jusqu'à terre.
C'est ce qui arrive à Camille en plein sommeil. Il
dégringole avec fracas sur sa table de nuit, la ren-
verse et tombe avec elle sur le plancher, entre le
chandelier et la bougie d'un côté, et certain usten-
sile de l'autre.

Le voisin se réveille en émoi. Mais Camille, sans
avoir bien conscience de ce qui se passe, se relève
et se remet tranquillement en équilibre sur sa cou-
chette! Le matin, Paul ne peut s'expliquer le désordre qui règne dans la chambre de son ami.
Bœdæker est encore gisant sur le carreau, près
d'un paquet de cigares éparpillés! Camille se rap-

pelle vaguement alors qu'il a subi dans la nuit quelques oscillations, résultat peut-être d'un tremblement de terre.

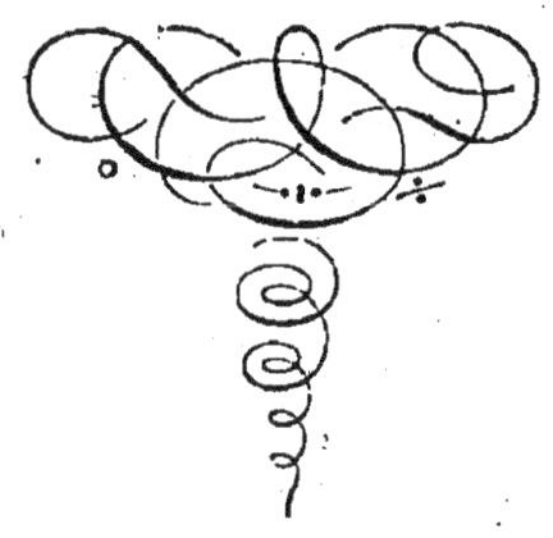

# ONZIÈME JOURNÉE

---

**De Pré-Saint-Didier à Bourg-Saint-Maurice par le Petit-Saint-Bernard.**

*Samedi 26 août.* — A sept heures M. Pierre veut faire la tournée des chambres ; mais ses tentatives sont infructueuses. Il ne peut se reconnaître dans ce vaste labyrinthe, s'égare chez les Italiens et finit par renoncer à ses appels.

A sept heures et demie, nous sommes sur pied, dans la cour de l'hôtel. Henri, Ferdinand et Gabriel ne paraissent pas. Personne ne les a vus ; personne ne sait leurs numéros. L'hôtelier lui-même les a oubliés. Enfin, après vingt minutes de perquisition, nous découvrons, avec l'aide d'un garçon de service, le gîte de nos amis.

Henri est perdu au fond d'une cellule de l'aile droite. Ferdinand et Gabriel sont dans le bâtiment du centre. Pour arriver jusqu'à eux, il faut traverser la salle à manger du premier, un salon, deux chambres et un boudoir. Gabriel dort sur un lit rose.

Ferdinand est plus loin dans une pièce qui n'a pas de fenêtre, et ne reçoit l'air et la lumière que de la porte. Plongé dans une profonde obscurité, il se croit encore au milieu de la nuit, s'étonne qu'il fasse jour et que nous soyons à sa recherche depuis longtemps. Il ne s'est pas aperçu qu'il est logé dans une tour sans ouverture.

— « L'obscurité a du bon, dit-il ; elle favorise le « sommeil. »

En Italie, comme en Suisse et en Savoie, le déjeuner est invariable : café au lait, beurre et miel. L'opération est vite faite. La course de l'Allée Blanche et du col de La Seigne est en projet. Mais le ciel est couvert ; nous nous décidons pour le Petit-Saint-Bernard.

A huit heures, nous quittons Pré-Saint-Didier (1,080m.). Nous bouclons nos sacs ; Sylvestre dépose le sien sur les robustes épaules d'un jeune montagnard. La route neuve décrit de nombreux lacets à travers les sapins. Nous coupons droit par un sentier abrupte dans la forêt. Au bout de trente minutes environ, nous rejoignons la route qui passe sous un tunnel et longe la rivière, tantôt à droite, tantôt à gauche. La Thuille, profondément encaissée, forme des cascades bruyantes. Les bords sont très boisés ; les sites variés, pittoresques, tour à tour sauvages et gracieux.

Les brouillards coiffent les cimes ; quelques

L'un d'eux nous avertit que la tempête se déchaîne sur la montagne.

oiseaux se sauvent d'un air effaré à travers les branches. Des rafales s'abattent tout à coup dans la vallée ; l'air se refroidit. De larges gouttes d'eau nous arrosent ; il faut débrider les plaids et s'en envelopper. Nous pressons le pas.

Deux voyageurs descendent du col. L'un d'eux nous avertit que la tempête se déchaîne sur la montagne et que nous aurons de la neige. Cependant la pluie cesse de tomber et nous atteignons sans encombre le village de la Thuille (1,433m.), situé au sommet de la gorge, sur une espèce de plateau en pente douce, au pied du massif du Petit-Saint-Bernard et des dernières ramifications de la chaîne du Roc de Belleface.

Après Camille et Paul, qui ne se laissent jamais devancer, Georges, François, Henri, Sylvestre et Gabriel sont arrivés les premiers. Ces messieurs se reposent à l'auberge du glacier Ruitor. L'état menaçant de l'atmosphère, le souvenir de la tempête du Grand-Saint-Bernard, les intentions bien connues du général et leur propre fatigue, les engagent à demander une voiture.

On leur répond par le refrain habituel.

— « Il n'y a plus qu'un seul mulet dans le village, et il est retenu. Le propriétaire de la bête n'a pas de voiture. »

— « Et les deux chars qui sont là sous la remise ? »

— « Ils appartiennent à des étrangers. »

— « Quel est le prix d'un mulet jusqu'au Petit-Saint-Bernard ? »

— « Jamais moins de cinquante francs par bête. Donc, pour deux mulets et le conducteur, ce sera cent vingt francs. »

Cependant l'hospice n'est plus qu'à trois heures de marche. Ces exigences et ces difficultés déconcertent la petite troupe.

Sur ces entrefaites, M. Pierre arrive avec Barthélemy et Adolphe. On l'instruit de la situation ; il comprend que l'aubergiste a voulu profiter de la jeunesse de ses clients, et se promet de ne pas lui en laisser le bénéfice.

Un autre hôtel étale son enseigne à l'extrémité de la partie supérieure du village. Sans entrer en pourparler avec la maîtresse de maison, debout sur le seuil de sa porte, comme pour attendre une réponse favorable à sa rapacité, M. Pierre continue son chemin, et fait signe de le suivre. Henri, Paul et Camille ne comprennent pas sa tactique et partent en avant de méchante humeur, ne croyant plus à la possibilité d'un équipage, si modeste qu'il soit. On les appelle; ils s'obstinent à marcher, et Georges court les rejoindre.

Le général double le pas et arrive le premier à la seconde auberge. Avant que personne ait pu gâter la situation, il offre vingt francs pour un char à cinq places et à deux mulets, à condition que les bêtes seront attelées avant demi-heure. L'hôtesse accepte avec empressement.

Nous rapportons ces détails pour mettre en garde les touristes inexpérimentés contre la petite exploitation dont ils pourraient être l'objet.

En attendant, deux jeunes filles nous servent avec une cordialité rieuse des œufs et du thé. Sylvestre se fait apporter une aile de poulet. Il y a dans la salle un orgue de Barbarie et une mandoline, qui ont accompagné jadis les propriétaires de la maison durant leur tour de France. A l'aide de ces instruments nous improvisons un concert comique, plein de charme et de couleur locale.

Après une heure de repos, nous continuons notre ascension, mais déchargés de nos sacs. Sylvestre, Ferdinand, Louis, Gabriel et François s'installent dans la voiture; Barthélemy et La Joquère font la route à pied avec M. Pierre. Nous traversons un petit hameau malpropre, en suivant un sentier rocailleux. Au-dessus du Pont-Serrant, la végétation commence à disparaître. L'armée des frimas attaque les arbres et les détruit. Les bouleaux, les mélèzes, les sapins et les bruyères résistent seuls à ses rudes assauts. Montons encore, et la montagne n'a plus d'autre parure que des roches erratiques, du thym, du serpolet et un menu gazon, où des vaches paissent et gambadent.

Un brouillard pluvieux nous enveloppe; il s'évanouit et fait place à une pluie véritable, qui se change bientôt en neige. Le froid est vif ; le grésil nous fouette le visage ; car nous avançons contre le vent. Les nuages s'élèvent par moment, et nous laissent apercevoir une partie de l'horizon. Il est moins triste que le val de la cantine de Proz. On s'y plairait même, s'il était égayé par un rayon de soleil.

Nous remarquons sur la route une variété considérable de pierres de toutes les nuances, et qui seraient très recherchées ailleurs que dans ces régions. Les malachites, les serpentines et les lapis-lazuli ne sont pas rares.

Voici le lac. Il est plus étendu et mieux encadré que celui du Grand-Saint-Bernard. Adolphe trouve qu'il manque de poésie. Un lac sous un ciel gris,

sans poissons dans ses eaux, sans oiseaux sur ses
flots, sans verdure sur ses bords, n'est-ce pas un
contre-sens de la nature? Non! Ces tristes lieux
ne sont point faits pour l'homme dont le cœur veut
aimer, qui cherche dans l'univers le symbole de la
vie et l'image de ses pensées!

La tourmente nous arrache à ces mélancoliques
réflexions. Le vent siffle avec un gémissement rau-
que et prolongé, et la neige se met à tomber ferme
et drue. Nous sommes blancs en quelques minutes.
Nous plaignons vivement nos cinq condisciples
qui sont en voiture et que nous avons perdus de
vue sur la route :

— « Hélas ! disons-nous, comme ils ont froid ! Ils
doivent être transis ! »

Eux, de leur côté, s'alarment sur notre piteux
état. Et pourtant nous rions encore, et Barthélemy
a même envie de chanter pour narguer la tempête.

Cependant la rafale devient plus forte ; la respiration est pénible, et le grésil nous aveugle.

Nous apercevons une habitation dans le brouillard. Mais elle est vide ; c'est une cantine abandonnée. Nous recueillons nos forces et poursuivons
notre trajet. Au bout de vingt minutes, nous

découvrons une seconde maison. Nous y courons. C'est un poste de douaniers et de carabiniers italiens, groupés autour d'un poêle rouge et ronflant.

— « Sommes-nous loin de l'hospice ? »

— « A un quart d'heure ! »

Cette réponse nous ranime. Pourquoi nous attarder ici ? Ne vaut-il pas mieux aller jusqu'au bout ? La tempête durera peut-être longtemps. Mais elle est si violente, que nous avons peine à distinguer le chemin, et la bise furieuse, qui nous coupe la respiration et perce nos habits de son haleine glacée, nous cause un certain saisissement d'angoisse. Ah ! décidément les hautes altitudes ne nous sont pas favorables ! S'il était nuit, nous serions perdus !

Mais en un clin d'œil, le tableau change ; le brouillard disparaît comme un rideau qui tombe ; la tourmente cesse. Le soleil resplendit ; les nuages s'enfuient, balayés par le vent le long des hauteurs, comme une bande d'oiseaux sinistres, et un spectacle ravissant se déploie à nos regards.

L'hospice est à trois cents mètres. Voici la croix de la frontière.

Là-haut, à droite, le Mont-Blanc de Courmayeur

avec sa corniche ondulée ; en arrière, le Mont-Maudit allonge son échine de pierre, dentelée comme une scie ; plus loin, l'Aiguille du Géant se dresse isolée dans l'espace. Devant nous, les montagnes de la Tarentaise, baignées d'une lumière fraîche et blonde, nous offrent l'image d'une mer houleuse, où des nuages légers glissent dans les vallées, pareils à l'écume des flots entre deux vagues. Ce superbe lever de rideau nous fait oublier notre lassitude. Ce panorama est le plus beau que nous ayons vu et vaut la course au Petit-Saint-Bernard, même avec l'orage.

La voiture qui amène nos condisciples ne tarde pas à paraître à l'horizon, sur la route. Nous n'avons plus d'inquiétude sur ceux qu'elle contient. Il est plus d'une heure ; nous avons donc marché cinq heures depuis Saint-Didier, pour atteindre le col du Petit-Saint-Bernard (2,207 m.).

Nous mettons le pied sur le territoire français ; une douce émotion pénètre nos âmes. Nous agitons, en signe de joie, nos casquettes trempées de pluie. Nous sentons que nous aimons cette terre de la patrie, et que, s'il le fallait, nous donnerions notre sang pour la défendre.

Gabriel, saisi d'un transport lyrique, frappe

vivement la chaussée du talon, et s'écrie avec enthousiasme :

— « Oui, sol chéri, tu me parais plus doux que « la terre étrangère ! »

Là-dessus, Ferdinand ne manque pas son coup et lui demande si réellement les pierrres lui semblent moins dures. Quant à lui, il trouve les cailloux français aussi désagréables sous ses pas que les cailloux italiens.

— « Mais c'est une métaphore, » répond Gabriel.

Et voilà une discussion engagée sur les figures de rhétorique. Elle se continue jusqu'à l'hospice.

Nous entrons. Georges, Henri, Camille et Paul ont fait l'ascension avec MM. Thoviste et Bunan. Ils sont à table en bonne santé, devant un copieux repas. Ils s'empressent de nous débarrasser de nos plaids et de nous faire asseoir autour d'un poële rouge, chauffé à notre intention, et qui sèche vite nos chaussures et nos vêtements. Nous voilà tous réunis, trempés, rompus, épuisés, mais contents et joyeux de nous retrouver, d'avoir un abri sûr et chaud contre la tempête, un bon dîner en perspective et de fouler enfin le sol de la patrie !

Nous nous racontons nos mutuelles émotions; et, comme la nature, nos cœurs et nos visages sont en fête. Après l'averse, ces heures de repos sont les plus délicieuses que l'on puisse goûter !

L'abbé, chargé de la garde de l'hospice, est absent. Mais le brave homme qui nous reçoit mérite nos remercîments. Il nous fait bon accueil et riant visage. Il nous apporte un petit verre de cognac pour ranimer nos membres engourdis par la bourrasque, garnit son poële et s'occupe activement du déjeuner. Notre appétit est, comme notre joie, presque sans borne.

Pendant que nous réparons le désordre de notre costume causé par la tempête, on nous annonce confidentiellement que sa Grandeur l'archevêque de Milan est à l'hospice depuis trois jours. On nous le montre passant dans le corridor. Il porte le costume laïque avec quelques insignes violets et fume sans façon un cigare, qui paraît exquis. Deux messieurs et plusieurs dames s'empressent autour de sa personne.

A cette vue, il nous vient des doutes sur l'identité du prétendu successeur de saint Ambroise.

Sylvestre, qui compte parmi ses ancêtres des archevêques de Milan, proteste vivement contre l'erreur dont on s'abuse. Nous cherchons à nous mieux renseigner, et finissons par savoir que l'auguste visiteur n'est point un archevêque, ni un évêque, mais un prélat, un simple *monsignore* italien.

Lui-même vient nous saluer avec une courtoisie parfaite. Il est grand, bien fait de sa personne, d'un visage aimable, et cause avec esprit. Sous prétexte de chercher une adresse, il demande le registre des étrangers, le feuillette et s'arrête à la dernière page pour voir qui nous sommes. Il y trouve notre devise : *Minimus in altis*, l'indication de nos étapes et quelques mots d'éloge sur l'hospitalité du Petit-Saint-Bernard.

Sa curiosité n'est pas satisfaite ; il essaye d'obtenir de plus amples renseignements. Mais le général se montre avare de détails sur ce sujet.

Le prélat se retire, suivi des marques de notre respect, et reporte à sa petite cour, déjà assombrie par son absence, le rayonnement de sa gracieuse personne.

Un cocher, aux allures vives, à la voix sonore, à l'air entreprenant, à la physionomie expressive, à l'œil rusé, se présente hardiment et nous offre ses services. Il met sa voiture à deux chevaux à notre disposition jusqu'à Bourg-Saint-Maurice. Son pur *assent* dénote un franc Marseillais.

— « C'est pour moi un retour. Je ne prendrai pas cher, mes bons. Je ne demande que quatre-vingts francs. Le tarif est de cent quarante francs ! Ainsi, vous voyez, *troun dé l'air*, que moi seul je puis vous mener pour ce prix. »

. Cette tirade éloquente, accompagnée de gestes animés, ne produit pas d'effet. Le Marseillais insiste, et déclare que personne ne nous conduira, si nous n'acceptons pas sa proposition.

Ce hâbleur est capable de faire la leçon à notre conducteur. C'est un brave jeune homme qui a fait quelques études à Aoste, mais qui paraît d'une timidité excessive. Le général va secrètement le trouver et lui offre vingt-cinq francs pour descendre avec sa voiture et ses deux mulets, jusqu'à Bourg-Saint-Maurice, et emmener six membres de la caravane et les sacs. La proposition est acceptée avec reconnaissance.

A cette nouvelle, le Marseillais est furieux; il va chercher chicane au jeune homme. Mais à ce moment arrive une berline à quatre chevaux. Un Anglais en descend avec majesté. A la vue de cette proie, l'irascible automédon oublie sa colère, court s'entendre avec les autres cochers, et va faire sa cour au noble gentleman pour l'amener dans ses filets.

Le fils respectable de la fière Albion nous ap-

L'irascible automédon va faire sa cour au noble gentleman.

prend qu'il vient pour revoir « *son Mont-Blanc.* » Il l'a vu par-devant, il y a vingt-sept ans, à Chamonix. Il veut cette fois le revoir, par derrière ; puis il mourra content !

— « Montez à trois cents mètres, — lui disonsnous, — et vous l'apercevrez dans toute sa splendeur ! »

— « Aoh ! Je suis content, très content ! Mais je veux dîner auparavant. »

Ce touriste, qui a fait deux cents lieues pour contempler le géant des Alpes, recule devant trois cents mètres. Il dîne d'abord, et s'expose ainsi à ne pas retrouver peut-être une seule occasion de le revoir avec tant de netteté.

L'abbé de l'hospice s'occupe beaucoup de littérature et de sciences naturelles. Il possède une bibliothèque et plusieurs instruments qui lui permettent de faire des observations remarquables de physique et de météorologie.

Cette région des Alpes plaît au géologue par ses pierres, et au botaniste par sa faune abondante. Elle offre au touriste une variété d'aspects d'un caractère grandiose. Les perspectives les plus merveilleuses se succèdent sous les yeux, comme les tableaux d'un panorama mouvant.

Ici, comme au Grand-Saint-Bernard, l'hospitalité est gratuite. Les visiteurs donnent une *bonne main* au garçon de service, et déposent leur offrande dans le tronc.

A quatre heures, la voiture est prête. On y charge tous les sacs. Henri, Georges, Sylvestre, François, MM. Thoviste et Bunan s'installent sur les banquettes et commencent leur interminable descente. La route, en effet, ne décrit pas moins de dix-huit lacets sur les pentes du Mont-Valezan, et fournit une ligne de trente-deux kilomètres, jusqu'à

Bourg-Saint-Maurice. Nos amis rencontrent en chemin trois gendarmes, qui viennent des hautes cimes et leur offrent des fleurs rares, cueillies à plus de trois mille mètres.

Le reste de la caravane s'engage dans le vieux sentier de traverse qui abrège de vingt kilomètres. Il est bien plus varié, plus intéressant et plus pittoresque. Il coupe les pentes extrêmes de Lancebranlette, du Roc de Belleface et du Clapey, qui le dominent à droite. Il longe lui-même à une assez grande hauteur le Reclus. Ce torrent a sa source au-dessous de l'hospice, et se précipite vers l'Isère à travers des pâturages et des failles d'ardoises pourries.

Sur le versant opposé, nous distinguons, dans le bois, le cordeau dessiné par la nouvelle route. La forêt semble agitée de tressaillements mystérieux.

Une gaze légère et bleue trouée çà et là par les traits enflammés du soleil à l'horizon, s'élève au-dessus des pins et des hêtres, comme un voile transparent écarté par des doigts invisibles.

Au loin, brillent le glacier de Pépin et l'Aiguille du Midi; là-bas, à douze cents mètres de profondeur, le joli village de Séez, la vallée de l'Isère, et Bourg-Saint-Maurice se plongent dans un océan de verdure.

De grands troupeaux de bœufs, de vaches et de moutons, secouent allègrement leurs sonnettes, qui rendent tous les tons et demi-tons de la gamme. C'est un carillon joyeux et incessant.

Ferdinand attire l'attention d'une génisse par quelques gestes de fantaisie. Elle ouvre ses gros yeux, où flotte comme un rêve d'herbe fraîche, tend le museau, et reste immobile et fascinée sous le regard et la main du charmeur.

Nous voulons, à notre tour, essayer sur d'autres sujets, qui dressent vers nous une tête et des oreilles curieuses et attentives, notre pouvoir de domination. Nous ne parvenons qu'à les mettre en fuite. Seul, Ferdinand possède le don souverain de se faire obéir sans résistance, sans caprice et sans frayeur.

Cependant une vache, jalouse de ses caresses, accourt et fond, les cornes menaçantes et l'œil irrité, sur la génisse préférée qu'elle chasse et poursuit. Cette scène champêtre nous amuse. Il y a donc un secret pour commander aux animaux, les dompter et les rendre souples et dociles !

Le sentier est rempli de pierres et de cristaux, où Gabriel continue à recueillir des échantillons.

La marche, agréable par elle-même, est encore
égayée par nos sauts, nos gambades et nos chants.

Voici le hameau des Chavonnes. Six marmots,
fillettes et garçons, accourent sur le bord du chemin pour mieux voir ces êtres étranges, qui ont la
tête blanche, les pieds jaunes, et sont armés d'un
grand bâton, à l'aide duquel ils font à la descente
des bonds pareils à ceux de Gargantua.

Ferdinand s'arrête devant eux à quelque distance, sans paraître se douter de leur présence. Il
ébauche des gestes mirobolants et des grimaces
qui les stupéfient. Les gamins se penchent pour
mieux distinguer chaque détail de cette scène ; ils
avancent à petits pas. Ferdinand, de son côté,
approche insensiblement et ne cesse point de mi-
mer et de parler à un mystérieux personnage, que
les enfants cherchent à apercevoir dans les airs.
Sa casquette, qui s'agite sur son front avec de
légères secousses nerveuses, comme si elle était
mue par un ressort caché, arrive jusque sur son
nez et descend lentement le long de sa poitrine,
sans que le prestidigitateur la touche de ses mains.

Les marmots sont à ses côtés maintenant. La casquette tout à coup vole en l'air ; un cri strident retentit ; des bras immenses s'écartent et s'étendent,

et les bambins ne voient plus qu'une large bouche ouverte, armée d'une double rangée de dents formidables, et deux gros yeux qui flamboient.

Ils ne s'attendaient pas à ce dénouement. Glacés d'épouvante, ils poussent des cris effrayés, s'enfuient à toutes jambes, se pressent, se culbutent, et roulent pêle-mêle les uns sur les autres au milieu du gazon.

Ils se retournent ensuite, se regardent, se comptent et s'aperçoivent que le croquemitaine n'a dévoré personne. Ils ont presque envie de rire ; mais le monstre est encore trop près. Ils attendent qu'il se soit éloigné.

Nous avons repris notre marche, qu'ils se redisent encore leur belle peur. Leurs voix enfantines nous arrivent pleines de notes gaies et de rires sans fin.

Le sentier traverse une longue faille, où le moindre faux pas peut nous jeter dans l'abime. Ce passage difficile est le dernier de notre voyage, où le bâton ferré soit utile. Cet instrument, d'abord incommode aux mains novices, ne tarde pas à devenir nécessaire en montagne, et rend de tels services, qu'il semble inséparable de l'alpiniste.

Nous rejoignons la route au pont de Séez. Au même instant, la voiture débouche du village. De part et d'autre la descente a été heureuse et sans fatigue. Nous arrivons ensemble à Bourg-Saint-Maurice (810 m.), juste à temps pour éviter une forte averse.

A sept heures dix minutes, nous entrons à l'hôtel Des Voyageurs, tenu par Mayer, du club Alpin. Le dîner se fait attendre. Mais nous n'y perdons rien. L'hôtelier veut nous montrer comment un alpiniste peut traiter ses collègues.

Il nous fait préparer un festin, digne des héros d'Homère ou des prêtres Saliens. Nous sommes seize à table. Car à nos deux compagnons de route, MM. Thoviste et Bunan, inséparables de Georges et d'Henri, s'ajoutent deux messieurs, qui habitent le pays et paraissent sortir des écoles du gouvernement. Leur conversation est très intéressante. Ils nous indiquent plusieurs sites remarquables, que le temps ne nous permet pas de visiter.

L'entrain est si vif que les heures passent à notre insu, et notre amphytrion n'a pas terminé le défilé de ses plats. Qu'il y a loin de ce copieux repas à la table modeste du Mont-Blanc de Martigny! Et cependant, ici, comme à Mégêve et à Thônes, la note est insignifiante! Elle ne s'enfle pas avec le nombre des mets et les saluts de l'hôte!

La soirée se passe en joviales causeries, sans trop se prolonger. Il faudra demain être debout à cinq heures, pour entendre la messe, avant le départ de la diligence. Cette salutaire pensée nous fait gagner nos chambres. Les lits sont bons; nous y trouvons le doux oubli de nos fatigues, et un sommeil réparateur, plein des émotions et des images de la journée.

# DOUZIÈME JOURNÉE

## De Bourg-Saint-Maurice à Aix-les-Bains.

*Dimanche 27 août.* — L'hôtelier nous appelle à quatre heures quarante minutes. La messe est à cinq heures. Chacun s'habille à la hâte. On n'a pas heurté à toutes les portes, et plusieurs goûtent encore les douceurs du repos, au risque de manquer à leurs devoirs religieux.

M. Pierre s'empresse de faire une seconde tournée pour s'assurer du réveil général. Il trouve tout le monde sur pied, sauf Georges qui ne paraît pas. Dans sa précipation à le chercher, il se trompe de numéro et pénètre dans une chambre où règne une discrète obscurité. Le dormeur est bien là sous les couvertures. M. Pierre le presse de se lever.

Mais ce n'est pas Georges qui répond à ses instances ; c'est la voix d'une femme. Brusquement tirée du sommeil, l'étrangère sourit dans le calme radieux de son innocence et le printemps en fleur de sa vingtième année.

Quant à Georges, il est sur le seuil de sa chambre et contemple d'un œil moqueur les erreurs de plus en plus graves du général,

Nous courons à l'église, quelques-uns encore en pantoufles et à moitié endormis. Nous arrivons assez tôt pour la messe. C'est le jour de l'ouverture de la chasse, et plus d'un Nemrod assiste à l'office avant de prendre le fusil. François manquera cette solennité cynégétique. Cette pensée lui donne des distractions, et une ombre de tristesse passe sur son visage.

L'éternel déjeuner suisse est servi à notre retour. Le courrier part à six heures et demie. Nous nous hâtons d'achever notre toilette et de plier bagage. L'hôtelier, désireux de nous être agréable, met une voiture de supplément à la disposition des voyageurs, afin de nous laisser toute l'impériale de la diligence. Nous y serons plus à l'aise et jouirons mieux des beautés du paysage.

M. Mayer a droit à notre reconnaissance pour ses chambres, ses lits et la modération de sa note.

On attelle. Un myrmidon, à la figure empourprée, au feutre à larges bords, crânement posé sur l'oreille, grimpe d'un air savant sur le siège du cocher. Taciturne comme un diplomate, recueilli comme un juge, il ramasse les rênes avec une certaine solennité et brandit un immense fouet. Les chevaux dressent l'oreille et prennent des attitudes fières et attentives. Le myrmidon claque doucement de la langue ; les coursiers lèvent la tête, agitent leurs grelots et partent au trot, au milieu d'un bruit retentissant de sabots et de ferraille.

La vallée n'est pas large, mais riante et fertile. L'Isère promène au milieu des prairies et des vergers la fantaisie de ses détours et la gaieté de ses murmures. Les déclivités des monts sont couvertes d'un manteau de sapinières ou de lambeaux de forêts. Une légère buée s'élève du sol, humide des pleurs de l'aurore. Quelques chasseurs se montrent aux détours des sentiers et sur la lisière des bois.

Parmi eux, nous reconnaissons nos deux convives de la veille ; ils nous envoient un grand salut auquel nous répondons de notre mieux.

La course est rapide jusqu'à Bellentre. La route devient ensuite difficile et les chevaux, malgré les efforts du cocher, ne peuvent traîner la lourde voiture. Il faut descendre. Ce mauvais pas franchi, la diligence reprend une allure soutenue, et nous atteignons à huit heures le village d'Aimé.

Nous courons à la poste et au bureau du télégraphe, pour envoyer, qui une dépêche, qui une lettre ou carte postale.

Henri, Gabriel et Adolphe s'enquièrent d'un pâtissier et nous apportent une brassée de petits pains, minces comme des allumettes et longs comme des sabres.

Nous les croquons à belles dents. Nous nous en servons aussi en guise de fleurets et nous nous livrons des batailles terribles, sans effusion de sang.

Ces tiges macaroniques ne conviennent point à l'estomac du colonel. Il frappe à plusieurs portes pendant l'arrêt et trouve enfin une auberge passable, où il peut se réconforter. Il s'acquitte de cette noble occupation avec une dignité qui allume la verve de Gabriel.

L'automédon a repris son siége et n'arrête plus son équipage.

A Vilette, la rivière et la route se trouvent séparées par deux monticules, jetés là comme par la main du hasard. La légende est moins révérencieuse et ne peut se raconter pleinement qu'en latin.

Gargantua parcourait un jour la Savoie. Il chercha un endroit écarté et solitaire et laissa tomber sur les bords de l'Isère ces deux mamelons accouplés. Les Savoyards, heureux d'y trouver un terrain fertile, y plantèrent dès le lendemain du maïs et du tabac. C'est depuis ce temps que ces tertres se cachent sous le manteau d'une luxuriante végétation, et qu'une cascatelle intarisssable bondit tout près, à l'entrée du tunnel fort pittoresque sous lequel passe la route.

La vallée continue à dérouler sous nos yeux ses prairies, ses champs, ses bois, ses perspectives soudaines, ses horizons rétrécis, ses golfes de verdure, ses promontoires de roches talqueuses, ses âpres défilés, ses gorges étroites, ses escarpements rapides et ses dômes ombragés.

Nous découvrons un petit moulin, dont la roue de bois, tapissée de mousse, bat les flots de la rivière se perdant sous le couvert des saules et des aulnes, groupés en bouquet autour de la maisonnette. Comme il travaille gaiement le joli moulin avec son incessant tic tac !

Une pluie fine survient. Nous sommes contraints de tirer les rideaux de cuir et nous perdons en partie la vue de ces magnificences de la nature.

L'impériale devient un petit salon, où les calembourgs et les niches se succèdent au milieu des fusées de rire. Ce serait charmant, si l'on avait un peu plus d'espace. Mais le plafond de notre demeure ne peut s'élever et nous sommes obligés de rester assis jusqu'à Moutiers.

Nous arrivons à dix heures dans la capitale de la Tarentaise, au confluent de l'Isère et du Doron.

Madame et Mesdemoiselles Ferrary sont aux eaux de Salins. Adolphe compte sur le bonheur d'embrasser sa mère et ses sœurs au passage. Vain espoir ! Le mauvais temps n'a pas permis à ces dames de venir jusqu'à Moutiers. La Joquère n'est pas contente. Mais elle a bon caractère, et se console à la pensée qu'elle se rattrapera plus tard des privations actuelles.

La ville est assez belle. Elle charme par son air de propreté coquette et gracieuse.

La cathédrale n'a rien de remarquable. Mais

elle est remplie de fidèles qui assistent à la grand'
messe.

Sylvestre profite de ce relai pour courir à l'hôtel
Vivioz et s'administre certains menus morceaux,
substantiels et choisis.

On change de chevaux et de voiture. Le conducteur annonce le départ dans cinq minutes. Toute
la caravane est prête, sauf Henri, Georges, Sylvestre, MM. Thoviste et Bunan. M. Pierre se met à
leur recherche et les trouve attablés. Le colonel
découpe sa côtelette et déguste son vin de Bor-

Le colonel découpe sa côtelette avec une visible satisfaction.

deaux avec une visible satisfaction. Ce funeste

exemple agit sur l'âme du général et sur son estomac de spartiate. Il se fait servir à son tour un œuf au beurre noir, qu'il avale en deux bouchées. Mais il y perd le droit de conseiller l'abstinence jusqu'à l'heure tardive du second déjeuner.

Au moment de partir, le conducteur s'aperçoit que le fouet n'est pas à sa place. Avec une morgue magistrale, il se tourne vers le public et dit :

— « Puisqu'on prend le fouet, on doit prendre aussi la voiture et les chevaux. »

Cette phrase nous laisse entendre que le fouet est au moins la moitié de l'équipage. Plusieurs personnes s'agitent en tous sens, et un jeune homme apporte enfin ce merveilleux instrument de la puissance et ce symbole glorieux de la dignité du phaéton.

Le cocher consent alors à se hisser sur son siége. Il jure crânement, maltraite ses bêtes qui n'attendent qu'un signal pour s'élancer, et cherche ainsi à nous donner sans doute une très haute idée de son habileté et de son importance.

Il grogne un : *hue !* énergique, vibrant et impératif. La lourde et immense diligence s'ébranle avec fracas ; les cinq chevaux nous emportent au galop, dans la direction d'Albertville. A peine

Les cinq chevaux nous emportent au galop.

avons-nous le loisir d'apercevoir au passage la cascade d'Aigue-Blanche.

La vallée s'élargit ; elle est moins sauvage, plus peuplée et plus riante. De nombreux *nants*, qui tombent à droite et à gauche, apportent à la rivière le tribut de leurs eaux brillantes.

La route est excellente ; le trajet est de vingt-huit kilomètres, et s'accomplit en deux heures et demie.

Albertville, sur les bords de l'Arly, se compose de deux parties, de l'ancienne cité de Conflans qui domine la plaine, et de la partie neuve, construite suivant les règles de l'architecture moderne. Les rues sont bien alignées. Elles regorgent de chasseurs et d'artilleurs en grande tenue. La perspective est admirable et s'étend au loin sur la magnifique vallée du Graisivaudan.

Il nous reste vingt minutes avant le départ du train. Ce n'est pas assez pour déjeuner. Il nous faut encore ajourner cette bienfaisante opération. Il est pourtant deux heures. Nos estomacs, secoués par les cahots de la voiture depuis le matin, se creusent en abimes. Nous n'écoutons pas leurs réclamations ; mais le colonel, mieux avisé, se procure un petit à-compte, afin de s'entretenir la dent.

Nos deux compagnons de voyage depuis Aoste, MM. Thoviste et Bunan, nous serrent la main, et prennent la direction d'Ugine. Nous leur souhaitons bon voyage et les remercions de la part de gaîté qu'ils ont apportée à notre caravane.

A deux heures dix minutes, le sifflet retentit ; le train roule sur Saint-Pierre-d'Albigny, où nous arrivons au bout de trois quarts d'heure.

Il nous est permis, cette fois, d'apaiser la faim dévorante de nos estomacs. Une auberge est là, près de la gare. Nous y trouvons une table convenable et proprement servie. Les mets sont simples, mais l'appétit les assaisonne. Jamais Luculus ne fit plus d'honneur à ses copieux banquets.

A cinq heures, un nouveau train nous emporte. Les compartiments sont pleins des premières aux troisièmes. Il faut s'empiler les uns sur les autres, au milieu de soldats ivres et d'ouvriers italiens. Le trajet se fait ainsi dans des conditions détestables. Nos jambes sont serrées comme dans un étau, et nos oreilles résonnent tristement des propos gouailleurs et des chansons bachiques des tourlouroux en goguettes. Aussi sommes-nous heureux de débarquer à Aix, à la nuit tombante.

Nous y avons passé il y a douze jours ; nous

étions alors pleins d'espoir; aujourd'hui, nous revenons pleins de nos souvenirs de voyage.

Nous n'avons pas retenu de chambres. Nous errons à l'aventure à travers la ville. Une dame, d'un âge respectable, nous aborde et nous demande si nous allons chez elle. Nous pensons qu'elle connaît l'un de nous; mais comme personne ne s'avance pour la saluer, nous jugeons qu'elle se trompe et prend des étrangers pour des amis.

Notre nombre effraye les maîtres d'hôtel. Après quelques hésitations, on nous reçoit enfin à l'hôtel National. Ciel ! quel logement ! On nous disperse à tous les étages, depuis le rez-de-chaussée jusqu'aux mansardes. La salle de billard, où l'on étend des matelas, est partagée entre Camille, Paul et Sylvestre. Louis s'établit près du grenier, sous le toit, à côté des rats, dont le sabbat nocturne agite son sommeil de rêves sinistres.

Georges rencontre des amis qui le réclament. Henri court chez sa grand-mère dans la villa, jadis occupée par Lamartine, et où se passent les principales scènes véridiques de son roman : *Raphaël, pages de la vingtième année.*

A peine débarrassés de leurs sacs, les membres de la caravane se répandent dans la ville, visitent les boutiques, les splendides salles du Casino et les jardins illuminés de la Villa des Fleurs.

Quand on revient des montagnes, les soirées bruyantes des villes d'eaux ont un charme spécial et singulier. Il semble qu'on passe d'une atmosphère calme et sereine dans un tourbillon, où les hommes et les choses vous apparaissent comme dominés par la convention, ajustés pour le plaisir et réglés par le caprice. De toutes parts s'élève un fourmillement tapageur et joyeux. Les visages sont souriants, épanouis par la bonne chère, animés par la fièvre de l'espérance ou de la vanité.

Nous sommes néanmoins contents de retrouver des habitudes plus conformes à celles de notre vie. Le sommeil et le repos nous surprennent au milieu de ces réflexions !

# TREIZIÈME JOURNÉE

### D'Aix-les-Bains à Lyon.

*Lundi 28 août.* — La nuit enveloppe encore la terre de ses voiles. Camille repose mollement étendu sur sa couche. Ses paupières sont closes et ses lèvres entr'ouvertes par la fée invisible des songes. La main repliée sur le cœur, il sourit aux décevantes illusions de son rêve.

Des formes capricieuses de bois touffus et de champs émaillés de fleurs flottent indécises dans son imagination. Il revoit en esprit les chasseurs aperçus la veille ; il entend les aboiements des chiens. Lui-même se met à la poursuite du gibier. Il a ses bottes, sa gibecière et son fusil.

Les sentiers ombreux du Val de Cogne se déroulent devant lui en lignes sinueuses, profondes et entre-croisées. Camille s'enfonce sous les arceaux gothiques formés par des chênes qui, robustes et gigantesques, arrondissent leurs branches en dôme majestueux. Les bouleaux, sveltes et élancés, s'inclinent et se balancent comme dans une valse de fantômes. Leur chevelure tremblante frissonne avec un bruit d'écailles métalliques. Leurs jambes ondulées brillent comme si elles étaient drapées d'étoffe d'argent.

Des aigles, perchés sur des branches qui s'allongent dans les airs, regardent le chasseur d'un œil narquois. Des corbeaux se parlent gravement à demi-mot. Des geais blancs et roses se répètent une phrase ironique. Des pies bleues, coquettes, capricieuses, toujours en mouvement, sautillent, volettent, sans cesse en évidence, mais hors d'atteinte.

L'une d'elles surtout, plus gracieuse, fait scintiller ses plumes et ouvre ses ailes irrisées, transparentes au jour comme un écran de soie à la lumière. C'est une sirène, une enchanteresse de la forêt. Camille la regarde et la suit.

Soudain, sur la lisière du bois, des feuilles remuent et quatre petites oreilles surgissent, droites et attentives. Ce sont deux lapins, un frère et sa sœur, qui viennent promener leurs fredaines aux rayons de l'aurore. Camille s'arrête, arme son fusil. Mais les gentils animaux sont déjà loin....

Ils se livrent à de jolies gambades sur le gazon, se lutinent, se cajolent, se font de petites grimaces, se baisent au museau, agitent leur queue comme une houpette de poils blancs, s'asseyent sur leur derrière, se regardent et lèvent la patte.

Le chasseur ne peut les atteindre.

Ils reprennent leurs ébats, pirouettent, se renversent, se bousculent, se pelotent dans l'herbe...

— « C'est trop fort ! » dit Camille.

Il met en joue.

Du tronc d'un gros chêne s'élance le dieu Pan, la barbe verdoyante et grise comme la mousse des sapins, l'œil brillant et les joues gonflées par la colère. Il porte un chapeau de gendarme. Le bras droit étendu, l'avant-bras replié à la hauteur de l'épaule, il brandit dans sa main une faux rustique, comme pour frapper le mortel sacrilége qui viole la sainteté de ses forêts.

Les pies piaillent d'une façon moqueuse ; les corbeaux croassent des ricanements sinistres ; l'aigle aiguise son bec comme pour se préparer

à un bon repas. Les merles sifflent et les arbres
agitent des bras menaçants. Saisi de vertige, ivre
de terreur, Camille bondit pour échapper au tran-
chant fatal de l'inévitable faux. Dans ce brusque
mouvement, il heurte du front le sommet du lit
et se réveille en sursaut, heureux d'en être quitte
pour une bosse.

Pour se remettre d'une si vive émotion, il se
lève et fait une promenade jusqu'au bord du lac du
Bourget, en comptant les kilomètres par le nombre
des cigares qu'il fume.

C'est le dernier jour du voyage, celui aussi de
la séparation. Dès le réveil, nos cœurs sont par-
tagés entre la joie de rentrer au sein de la famille
et le regret de nous quitter.

Adolphe doit prendre le train de huit heures
pour Genève. De grand matin il est debout, visite
l'établissement des bains, déjeune, salue ses condisciples et se rend à la gare, accompagné de
M. Pierre.

Louis et Gabriel parcourent les boutiques et
les magasins. Ferdinand et Sylvestre prolongent
leur repos. Les autres prennent un bain, goûtent
l'eau des sources, se font conduire à l'Enfer,

admirent les inventions ingénieuses et les découvertes salutaires de la science pour le traitement des maladies, et concluent que le meilleur pour eux sera de pouvoir s'en passer toujours !

A neuf heures, un substantiel déjeuner nous réunit encore une fois à la même table. Henri et Georges viennent nous rejoindre et nous apprendre qu'ils ont résolu de rester à Aix quelques jours, pour se remettre de leurs fatigues.

L'état de l'atmosphère est menaçant. Nous renonçons à notre projet de visiter Haute-Combe.

Nous avons d'abord l'intention de descendre le Rhône en bateau, jusqu'à Lyon. Mais il pleuvra peut-être et il nous tarde de rentrer au foyer paternel. Nous nous décidons à prendre le train de onze heures.

Ces détails réglés, nous faisons, selon nos goûts, une dernière promenade dans la ville, à l'établissement des bains, autour de l'arc de Campanus, ou sur la route du port de Puer.

A la station, nous prions M. le chef de gare de vouloir bien nous caser dans le même compartiment, si c'est possible. Il nous répond très poliment que la chose n'offre aucune difficulté, mais que ce point relève des fonctions de M. le sous-chef de gare, et il nous adresse à son subalterne. M. le sous-chef se promène sur le trottoir, les bras derrière le dos. Nous l'abordons, la casquette à la main, et lui exposons le motif de notre requête. Il est brusque M. le sous-chef de gare d'Aix-les-Bains, en service à onze heures, le 28 août 1882. Il ne se soucie point des responsabilités qui pèsent sur un directeur de caravane. Il nous écoute à peine, nous répond qu'il a bien autre chose à faire, et continue sa promenade jusqu'à l'arrivée du train.

Allons, M. le sous-chef, vous avez de la dorure sur vos galons ! Vous feriez bien d'en mettre un peu dans votre caractère et vos habitudes. Cela ne gâterait en rien vos bonnes qualités.

Voici le train ; nous prenons place, sinon dans le même compartiment, au moins dans le même vagon. A partir de Culoz, nous avons la chance de pouvoir nous réunir.

Nous recueillons nos souvenirs et résumons nos impressions. Une certaine émotion envahit nos cœurs à la pensée des joies qui vont finir et de celles qui vont commencer au sein de la famille.

A la station de Tenay, Paul nous dit adieu et court se jeter dans les bras de ses parents. Il revoit avec plaisir la fabrique de son père et les immenses bâtiments qui s'étendent le long du chemin de fer.

A six heures, nous arrivons à la gare des Brot-

Nos yeux saluent avec reconnaissance le magnifique sanctuaire.

teaux, satisfaits d'avoir accompli, sans accident,

malgré le mauvais temps exceptionnel qui nous a harcelés, une excursion de treize jours, dans une des régions les plus intéressantes des Alpes. Nous revenons, le corps plein de santé et de vigueur, l'esprit charmé des grands et beaux spectacles de la nature, heureux enfin de retrouver nos amis et nos parents et de leur raconter les péripéties, les fatigues et les joies de notre voyage !

Notre-Dame de Fourvières, que nous avons invoquée avant le départ, a veillé sur nous comme une tendre mère. Nous la remercions de sa protection et nos yeux saluent avec reconnaissance le magnifique sanctuaire qui s'élève, en son honneur, sur sa verte colline.

# CONCLUSION

---

Si ce récit vous a intéressés, jeunes lecteurs,
s'il a fait naître en vous le désir des voyages, s'il
vous a inspiré l'amour de la nature et des saines
jouissances que procure la montagne, le peintre

Le peintre et l'écrivain s'estiment récompensés de leurs efforts.

et l'écrivain s'estiment largement récompensés de
leurs efforts et de leurs peines.

Que plusieurs d'entre vous s'unissent et se groupent pour former d'autres caravanes ! Nous les convions à une source de joies profondes, variées, ineffaçables. Nous leur donnons rendez-vous dans la vallée du Rhône.

Nous suivrons ensemble le passage si pittoresque de la Gemmi ; nous admirerons les cascades du Giessbach, le magnifique panorama du Rigi. Nous voguerons sur les flots azurés du lac des Quatre-Cantons ; nous réveillerons les souvenirs dormants de Guillaume Tell. Nous nous arrêterons, près des glaciers, en face des splendides horizons du Saint-Gothard.

Puis, ce sera l'Italie ! Les rives enchantées du lac Majeur, Milan et sa cathédrale de marbre avec ses cinq mille statues, Venise et ses gondoles charmeront nos regards et feront tressaillir nos âmes.

Il n'est pas de spectacle pareil à celui que nous présente le poëme de la création. L'homme, avec les perfectionnements de la science et les ressources de l'art, n'égalera jamais la sublime beauté des montagnes et l'infinie diversité de leurs perspectives. Les cieux racontent la gloire de Dieu et la terre leur répond. La nature, œuvre de ses mains,

a des harmonies variées pour les oreilles, des
formes et des couleurs pour les yeux, des parfums
pour l'odorat.

Elle offre des scènes terribles et gracieuses,
simples et grandioses. Elle plaît à l'esprit; elle
touche le cœur; elle développe l'énergie de la
volonté. Heureux qui sait la comprendre et peut
la contempler!

# TABLE DES MATIÈRES

---

# ERRATUM

PAGE 192. — *Au lieu de :* au botaniste par sa faune, *lisez :* au botaniste par sa flore.

Lyon. — Imp. Gallet, rue de la Poulaillerie, 2.

www.ingramcontent.com/pod-product-compliance
Ingram Content Group UK Ltd.
Pitfield, Milton Keynes, MK11 3LW, UK
UKHW021900070726
13613UKWH00001B/237